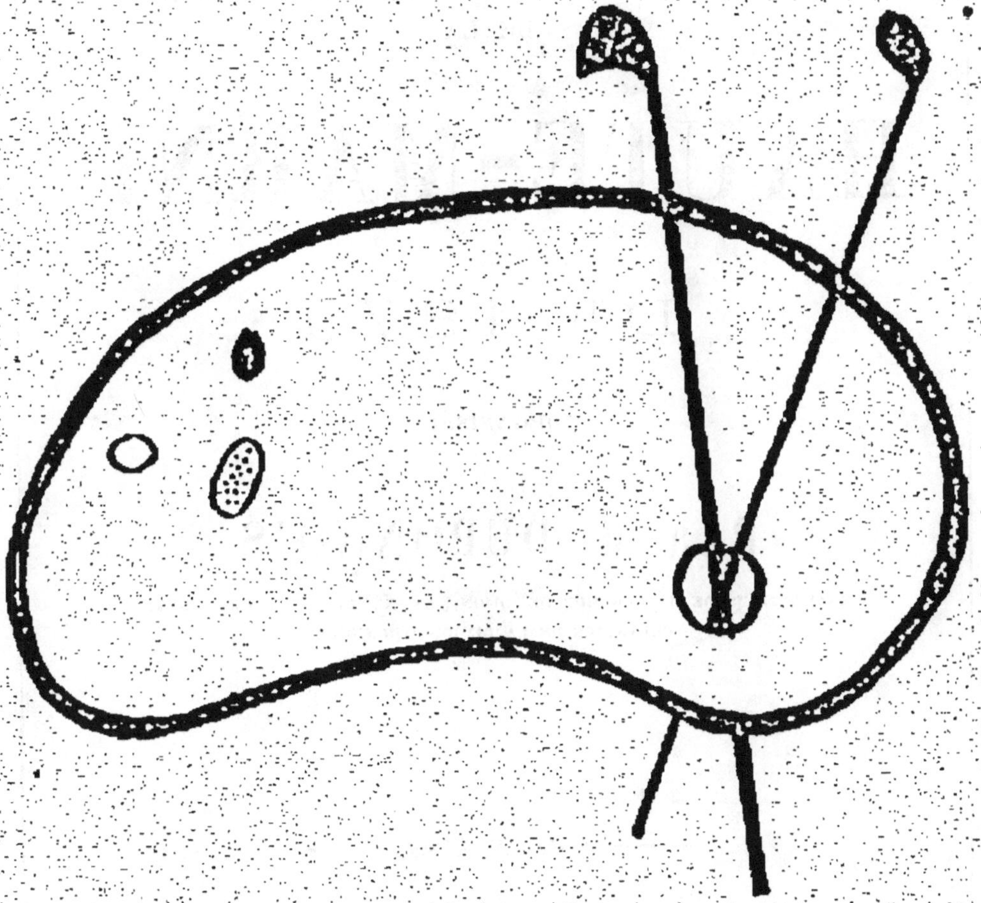

COUVERTURE SUPERIEURE ET INFERIEURE
EN COULEUR

EXPOSITION SCOLAIRE

DE LA

HAUTE-MARNE

DE 1879

ORGANISÉE

Par M. DUPONNOIS

INSPECTEUR DE L'ACADÉMIE DE DIJON, EN RÉSIDENCE A CHAUMONT,
CHEVALIER DE LA LÉGION D'HONNEUR.

CHAUMONT
IMPRIMERIE ET LITHOGRAPHIE DE CAVANIOL
RUE DECRÈS ET RUE DE LA CRÈTE
—
1881

EXPOSITION SCOLAIRE

DE LA

HAUTE-MARNE

DE 1879

EXPOSITION SCOLAIRE

DE LA

HAUTE-MARNE

DE 1879

ORGANISÉE

Par M. DUPONNOIS

INSPECTEUR DE L'ACADÉMIE DE DIJON, EN RÉSIDENCE A CHAUMONT.

CHAUMONT
IMPRIMERIE ET LITHOGRAPHIE DE CAVANIOL
RUE DECRÈS ET RUE DE LA CRÈTE
—
1881

PRÉFACE

La grande question du jour, celle qui fixe surtout l'attention des esprits sérieux, est sans contredit l'organisation de l'instruction, et particulièrement de l'instruction primaire. On comprend que c'est là que se trouve l'élément le plus puissant de notre relèvement moral et même matériel, comme il en a été pour la Prusse. « *C'est le maître d'école qui a vaincu à Sedan* », disent les Allemands. Il est certain, tout en faisant la part de l'exagération, que c'est l'instruction primaire, patriotiquement dirigée, qui a fait la principale force de nos ennemis.

Elle doit faire la nôtre.

De cette pensée est né le grand mouvement imprimé à l'instruction primaire depuis 1870. Partout se sont organisés des comités, des associations, des conférences, en vue de diriger ce mouvement et de chercher les meilleures méthodes.

C'est cette préoccupation qui a suscité la création des Expositions scolaires.

Celle que M. DUPONNOIS, inspecteur d'académie, a organisée dans notre département en 1879 a été certainement l'une des plus remarquables. Les nombreux visiteurs qu'elle a attirés, l'intérêt qu'elle a excité, les discussions même qu'elle a soulevées, en sont une preuve. La distribution des récompenses, où M. le Préfet a exposé avec une si grande netteté les vues du Gouvernement, a été pour les instituteurs et les institutrices, une fête solennelle et un puissant encouragement.

Nous avons voulu consacrer par un monument durable le souvenir de cette exposition. M. l'Inspecteur d'Académie en a rendu un compte sommaire. Mais ce qu'il importe de connaître, ce sont les détails mêmes de ce grand concours, les rapports des Commissions spéciales, les jugements portés sur chaque classe, les vues exposées par les hommes compétents, etc. Il nous a paru utile de réunir ces divers éléments en un volume qui sera un guide excellent pour tous les maîtres, et qui ne sera pas sans intérêt pour les hommes sérieux. Ce recueil doit faire partie de toutes les bibliothèques scolaires.

Les Organisateurs de l'Exposition,

GUIOT,
Professeur de dessin de 1re classe
au lycée de Chaumont, Officier d'Académie.

A. FERRAND,
Commis d'Inspection académique de 1re classe,
Officier de l'Instruction publique.

TITRE Ier.

ORGANISATION.

TITRE Iᵉʳ.

ORGANISATION.

Instructions concernant l'Exposition scolaire.

Chaumont, le 1ᵉʳ mai 1879.

A Messieurs les Proviseur, Principaux, Inspecteurs primaires, Directeurs de l'Ecole normale, Chefs d'Institutions libres, Instituteurs, Mesdames les Institutrices, Directrices de salles d'asile de la Haute-Marne.

MM.

J'ai reçu les objets et travaux (1) que nous avions envoyés à Paris pour l'Exposition du Ministère de l'Instruction publique.

Il est utile que le département connaisse plus spécialement ces produits scolaires qui sont l'œuvre de ses enfants et de ses instituteurs.

A cet effet, il a été décidé qu'une Exposition scolaire départementale aura lieu à *Chaumont, du 1ᵉʳ au 30 septembre prochain, dans la grande salle des adjudications de l'Hôtel de la Préfecture.*

Mais, comme les éléments de cette exhibition ne sont plus assez frais ni assez complets pour constituer un ensemble satisfaisant, il convient de faire dès à présent un nouvel appel et de réunir tous les spécimens nécessaires pour donner une idée exacte de nos institutions scolaires.

---

(1) Objets et travaux préparés sous la direction de M. DESPREZ, alors Inspecteur d'académie de la Haute-Marne.

Voici, à ce sujet, des instructions précises dont je vous prie de prendre note.

I.

L'Exposition recevra tout ce qui est relatif à l'enseignement primaire ; elle comprendra *quatre sections*.

II.

1° *Organisation matérielle.* — Projets et plans graphiques ou en relief des Maisons d'école, Salles d'asile et autres établissements affectés à l'éducation de l'enfance, avec légendes explicatives; Mobiliers scolaires, Tables, Bancs, Chaises ou Tabourets isolés, fixes ou mobiles, en bois, fer ou fonte; Système d'arrosage, de Chauffage, de Ventilation ; Livres, Cartes, Sphères, Instruments, Sacs et Fournitures classiques, etc.

2° *Organisation intérieure.* — Règlements particuliers, Usages locaux, Gymnastique, Exercice du fusil, Récompenses spéciales personnelles ou par groupe (système des familles), Livrets de caisse d'épargne, Bons points, Papier-monnaie, Promenades, Punitions, etc.

3° *Organisation pédagogique.* — Cahiers d'écriture, de devoirs; Cartes géographiques, Cartes topographiques en relief et autres des sections de commune, des communes, cantons, etc. ; Dessins linéaires, d'ornement, d'imitation, au trait, à la plume, au lavis ou au crayon. Travaux à l'aiguille : couture, points divers, remmaillage, reprise, marque et numérotage du linge ; Camisoles, Tricot, etc. Enseignement de l'horticulture ; travaux des instituteurs, travaux et cahiers des élèves, produits des jardins scolaires, etc.

4° *Travaux personnels des Instituteurs et des Institutrices* — Traités de pédagogie, Mémoires sur les méthodes et les procédés employés pour l'enseignement des matières obligatoires et facultatives, Journal de classe, Tableau de l'emploi du temps, etc., etc.

III.

Tous les modèles relatifs aux *Maisons d'école*, *Mobiliers* et *Appareils*, devront être de *petites dimensions*.

IV.

Pour que les *Dessins, Plans, Cartes murales, Modèles d'écriture*, etc., soient plus faciles à exposer, il convient d'employer les papiers dont les dimensions suivent :

Le format *indéterminé* pour les cartes murales, avec rouleaux en bois et cordons de suspension.

Le format *grand-aigle* : hauteur 0^{m}70, largeur 1^{m}05 ;

Le format *colombier* : hauteur 0^{m}65, largeur 1^m ;

Le format *grand-aigle* plié en deux : hauteur 0^{m}53, largeur 0^{m}70 ;

Le format *raisin* : hauteur 0^{m}50, largeur 0^{m}63.

V.

Les exposants n'auront à payer aucun loyer pour la place qu'ils occuperont à l'Exposition.

VI.

Les demandes d'admission des exposants et les travaux ou œuvres de toutes sortes devront être envoyés *franco, avant le 15 août*, terme de rigueur, à l'Inspecteur d'Académie, Hôtel de la Préfecture, à Chaumont.

VII

Les objets exposés porteront les *nom, prénoms, profession* et *résidence* de leurs auteurs.

VIII.

Les travaux exposés par les élèves porteront exactement les indications suivantes :

1° Nom de la commune ;

2° Nature de l'école (garçons, filles, mixte, publique, libre) et désignation du cours (élémentaire, moyen ou supérieur);
3° Nom de l'élève, prénoms, âge (date de naissance).

IX.

Les exposants autres que les maîtres et les élèves sont invités à indiquer le prix marchand des objets exposés.

X.

Les artistes, les industriels, les libraires, les éditeurs, les imprimeurs, etc., sont admis à prendre part a ce concours, à la condition que les objets qu'ils exposeront se rapporteront :
1° Aux moyens d'enseignement ;
2° Aux méthodes manuscrites ou imprimées ;
3° Aux manuels et livres ;
4° Au matériel des élèves et à l'ameublement des écoles;
5° Aux appareils de gymnastique et exercices militaires ;
6° Aux bâtiments, salles d'école et mobilier.

XI.

Un Jury présidé par M. le Préfet, et dont les membres seront désignés ultérieurement, statuera sur le mérite des objets qui auront été préalablement soumis à l'examen d'admission, et délivrera un *diplôme* aux exposants.

J'aime à espérer, MM., que vous tiendrez à honneur d'apporter votre concours à une œuvre qui a pour but de mettre sous les yeux du public les preuves évidentes et les témoignages matériels des progrès accomplis dans l'instruction par notre département.

Veuillez agréer, MM., la nouvelle assurance de mes sentiments distingués.

L'Inspecteur d'Académie,
L. DUPONNOIS.

Institution des diverses Commissions.

Le Préfet de la Haute-Marne,

Vu la circulaire ministérielle du 10 novembre 1877 ;

Vu, ensemble, notre rapport au Conseil général, celui de la Commission spéciale et le vote du Conseil général, dans sa séance du 24 décembre 1877 ;

Vu la circulaire et les propositions de M. l'Inspecteur d'académie, en date des 1er mai et 7 août 1879.

ARRÊTE :

Article premier. — L'Exposition scolaire annoncée aura lieu du 8 au 30 septembre prochain, dans la grande salle des adjudications de la Préfecture.

Art. 2. — Il est institué :

1° Une Commission d'organisation ;

2° Un Comité central chargé de prononcer l'admission définitive et de statuer sur le mérite des objets présentés ;

3° Des jurys spéciaux qui auront à examiner les objets compris aux cinq sections déterminées ci-après, et à faire ensuite un rapport au Comité central ;

Art. 3. — Les commissions mentionnées en l'article précédent sont composées, sauf acceptation de la part des membres, ainsi qu'il suit :

Commission d'organisation :

MM. GUIOT, professeur de dessin ;
SAUVAGE, professeur d'agriculture ;
FERRAND, commis d'inspection académique.

Comité central :

MM. POINTU, préfet, Président ;
DUPONNOIS, inspecteur d'académie, Vice-Président ;
Le général PÉLISSIER, sénateur, président du Conseil général ;

MM. ROBERT-DEHAULT, sénateur, conseiller général ;
MOUGEOT, député, conseiller général ;
BIZOT de FONTENY, député ;
DANELLE-BERNARDIN, député, conseiller général ;
DONNOT, maire de Chaumont, conseiller général ;
GARDIENNET, maire de Langres ;
PISSOT, maire de Wassy ;
JEANNENEY, inspecteur général de dessin ;
SIMON, Samuel, premier adjoint au maire de Chaumont ;
DELAUMONE, ancien professeur ;
SAUVAGE, professeur d'agriculture ;
PIOT, inspecteur primaire à Chaumont ;
WELTER, inspecteur primaire à Chaumont ;
PLATEAU, inspecteur primaire à Langres ;
RIGAUD, inspecteur primaire à Wassy.

Le Comité central choisira son SECRÉTAIRE.

Jurys d'examen :

1re SECTION.

Organisation matérielle : Projets et plans graphiques ou en relief des Maisons d'école, Salles d'asile et autres établissements affectés à l'éducation de l'enfance, avec légendes explicatives ; Mobiliers scolaires, Tables, Bancs, Chaises ou Tabourets isolés, fixes ou mobiles, en bois, fer ou fonte ; Système d'Arrosage, de Chauffage, de Ventilation ; Livres, Cartes, Sphères, Instruments, Sacs et Fournitures classiques, etc.

MM. CARLIER, ingénieur en chef des Ponts et Chaussées ;
SÉRON, conseiller municipal ;
DELAUMONE, conseiller municipal ;
BIZET, conseiller municipal ;
PIOT, inspecteur primaire à Chaumont ;
HAAS, chef de division à la Préfecture ;
VISCONTI, agent-voyer en chef.

2ᵉ SECTION.

Organisation intérieure : Règlements particuliers, Usage locaux, Gymnastique, Exercice du fusil, Récompenses spéciales, personnelles ou par groupes, Livrets de caisse d'épargne, Bons points, Papier-monnaie, Promenades, Punitions, etc.

MM. SÉE, secrétaire général de la Préfecture ;
PÉTER, capitaine du génie à Chaumont ;
DONNOT, maire, conseiller général ;
RIVÉ, juge de paix à Chaumont ;
GOMBERT, président du Conseil d'arrond^t, à Forcey ;
PLATEAU, inspecteur primaire à Langres.

3ᵉ SECTION.

Organisation pédagogique : Cahiers d'écriture, de devoirs ; Cartes géographiques, Cartes topographiques en relief et autres des sections de commune, des communes, cantons, etc. ; Dessins linéaires, d'ornement, d'imitation, au trait, à la plume, au lavis ou au crayon ; Livres classiques ; Ouvrages scientifiques et littéraires ; Statistique. *Enseignement de l'horticulture* : travaux des instituteurs, travaux et cahiers des élèves, produits des jardins scolaires, etc.

MM. JEANNENEY, inspecteur général du dessin ;
FLAMARION, vice-président du Conseil général, à Nogent ;
DE MONTROL, conseiller général, à Juzennecourt ;
NOBLE, président de la Société de secours mutuels.
PASQUIER, conseiller général, à Chamarandes ;
CAVANIOL, conseiller d'arrondissement ;
JAUSSAUD, conseiller d'arrondissement, à Hâcourt ;
MERGER, avocat, conseiller municipal ;
HUSSON, proviseur ;
BOURLIER, censeur du lycée de Chaumont ;
SORET, professeur au lycée de Chaumont ;

MM. PIOT, inspecteur primaire à Chaumont ;
WELTER, inspecteur primaire à Chaumont ;
PLATEAU, inspecteur primaire à Langres ;
RIGAUD, inspecteur primaire à Wassy ;
GOBIN, directeur de l'école normale ;
DELAUMONE, ancien professeur ;
GUIOT, professeur de dessin ;
SAUVAGE, professeur d'agriculture ;
CHAUMONT, professeur en retraite, à Clefmont ;
LACHÈZE, professeur d'horticulture à l'école normale ;

4° SECTION.

Travaux personnels des Instituteurs et des Institutrices : Traité de pédagogie, Mémoires sur les méthodes et les procédés employés pour l'enseignement des matières obligatoires et facultatives, Journal de classe, Tableau de l'emploi du temps, etc.

MM. DUPONNOIS, inspecteur d'académie ;
DE MONTROL, conseiller général ;
BOURLIER, censeur du lycée ;
PIOT, inspecteur primaire à Chaumont ;
WELTER, inspecteur primaire à Chaumont ;
PLATEAU, inspecteur primaire à Langres ;
RIGAUD, inspecteur primaire à Wassy.

5° SECTION.

Travaux à l'aiguille : Couture, Points divers, Remmaillage, Reprise, Marque et numérotage du linge, Tricot, Ouvrages divers, etc.

MM^{mes} LEREUIL ;
LAMBERT ;
DONNOT ;
FÈVRE ;

MM^{mes} CARLIER ;
VILA ;
PIOT ;
SIMON, Samuel ;
ALPHANDÉRY ;
Paul MOUGEOT ;
CAVANIOL, Henri ;
HUSSON ;
BERTHELOT ;
SIMON, Arthur ;
LIGNÉE ;
LISSE.

Art. 4. — Chaque jury d'examen sera appelé à la première réunion, à nommer son *Président* et son *Secrétaire-Rapporteur*.

Art. 5. — Les récompenses seront proclamées dans une séance solennelle qui sera fixée ultérieurement.

Art. 6. — M. l'Inspecteur d'académie est chargé de veiller à l'exécution du présent arrêté.

Fait à Chaumont, le 10 août 1879.

Le Préfet de la Haute-Marne,

Jules POINTU.

Demande de crédit au Conseil général.

Du 21 août 1879.

Monsieur le Préfet.

En 1878, le Conseil général a bien voulu voter un crédit de 300 fr. applicable aux frais d'emballage des travaux scolaires envoyés par nos instituteurs à l'Exposition universelle, ainsi qu'à l'installation d'une exposition départementale, qui aura lieu dans le courant du mois de septembre prochain.

Une partie de cette somme a été dépensée pour l'exposition de 1878.

Le nombre des objets envoyés par les instituteurs pour notre œuvre particulière a dépassé nos prévisions. De toutes les parties du département nous arrivent des cahiers d'élèves, des dessins, des cartes du canton, des plans de maison d'école, des reliefs, etc. Les institutrices, laïques et congréganistes, envoient des travaux de couture très-variés ; des libraires de Paris envoient des ouvrages pédagogiques, des cartes de géographies, des tableaux d'histoire naturelle ; une grande maison de commerce nous a expédié des spécimens de mobilier scolaire. L'école normale, le lycée de Chaumont et les collèges de Langres et de Wassy prennent aussi part à notre Exposition, qui mettra sous les yeux du public les résultats de l'enseignement dans la Haute-Marne.

Cet ensemble d'objets si divers exige des travaux d'installation assez coûteux.

Il faut y ajouter les frais de surveillance.

Enfin, il est juste de récompenser ceux des instituteurs qui se seront distingués dans cette lutte pacifique et féconde. Les récompenses consisteront, si le jury d'examen approuve ces vœux, en médailles d'or, d'argent et de bronze, en diplôme de mérite, en ouvrage de pédagogie. L'Inspecteur d'académie offre une médaille d'argent ; je sais que d'autres personnes se proposent de faire des dons de même nature. Mais le département lui-même ne peut, à mon avis, rester étranger à ces libéralités, et le Conseil général voudra sans doute donner un témoignage de sa sympathie aux instituteurs et aux institutrices en fondant des récompenses qui emprunteront à leur origine un prix particulier.

Pour tous ces motifs, je me vois obligé de solliciter un nouveau crédit de 500 ou 600 fr., et je vous serai reconnaissant, Monsieur le Préfet, de vouloir bien appuyer cette demande de votre haute autorité.

Veuillez etc.

L'Inspecteur d'Académie,
L. DUPONNOIS.

Demande de récompenses en faveur des Instituteurs et Institutrices.

Du 27 août 1879.

Monsieur le Ministre,

J'ai l'honneur de vous informer que j'ai organisé, avec l'assentiment de M. le Préfet de la Haute-Marne, une exposition scolaire départementale, qui s'ouvrira le 8 septembre prochain à Chaumont.

Le Conseil général a accordé, à cet effet, un crédit de 800 fr. dont 500 fr. sont consacrés à l'installation matérielle. Il ne reste, en conséquence, que 300 fr. pour les récompenses à attribuer aux instituteurs et institutrices. Or, les produits scolaires sont arrivés en nombre si considérable, et leur valeur me paraît dès aujourd'hui telle, que cette somme sera évidemment insuffisante pour récompenser tous les mérites. J'ai pensé que vous voudriez bien donner à notre département un témoignage de votre intérêt, en nous accordant quelques récompenses, soit des médailles d'or ou d'argent, soit des ouvrages utiles à l'enseignement. Les instituteurs de la Haute-Marne, qui ont conquis un rang si élevé dans la statistique de l'enseignement primaire et l'Inspecteur d'académie, qui tient à les encourager, vous seraient profondément reconnaissants de cette marque de bienveillance.

J'ai l'honneur d'être, etc.

L'Inspecteur d'Académie,
L. DUPONNOIS.

Du 27 août 1879.

Monsieur le Maire de Chaumont,

Vous savez qu'une exposition scolaire départementale va s'ouvrir à Chaumont, le 8 septembre prochain. Les éléments de cette exposition qui me sont arrivés en nombre considérable témoignent du zèle et de l'intelligence de nos instituteurs et institutrices. J'ai pensé que le conseil municipal, dont la solicitude pour les intérêts de l'instruction m'est connue, voudrait bien s'associer à cette fête de travail en contribuant aux récompenses à accorder aux instituteurs.

En 1873 une exposition de ce genre eut lieu à Langres (1), et le Conseil municipal de cette ville fit construire à ses frais un pavillon spécial pour l'installation des objets et accorda une somme de 300 fr. destinée à récompenser les plus méritants, au moyen de médailles d'or ou d'argent, ou d'ouvrages relatifs à l'enseignement.

Je serais profondément reconnaissant au Conseil, s'il voulait bien donner à nos maîtres et maîtresses un témoignage de son sympathique intérêt.

Quelques spécimens des objets exposés ont été placés sous les yeux de la commission d'instruction du Conseil général, qui, frappée de leur mérite, a voté en faveur de l'exposition une somme de 700 fr. La plus grande partie de ce crédit est absorbée par les frais d'installation, et il ne reste qu'une somme insuffisante pour les récompenses ; si les membres du Conseil désiraient visiter dès aujourd'hui l'exposition, je m'empresserais de mettre à leur disposition les objets qui sont prêts à être installés ; ils pourraient ainsi juger de la valeur des travaux exposés.

Veuillez, etc.

L'Inspecteur d'Académie,
L. DUPONNOIS.

Visite de l'Exposition.
Fixation et mode de distribution des récompenses.

PROCÈS-VERBAL DU COMITÉ CENTRAL.

Séance du 18 septembre 1879.

Le jeudi 18 septembre, à 10 heures du matin, le Comité central de l'exposition scolaire de la Haute-Marne, s'est réuni, sous la présidence de M. Duponnois, inspecteur d'académie, vice-président du Comité, en l'absence de M. le Préfet, président, absent.

---

(1) Sous l'administration de M. DESPREZ, inspecteur d'académie.

Etaient présents :

MM. DUPONNOIS, vice-président ;
MOUGEOT, député ;
GARDIENNET, maire de Langres ;
SIMON Samuel, membre du conseil municipal ;
DELAUMONE, membre du conseil municipal ;
SAUVAGE, professeur d'agriculture ;
PIOT, Inspecteur primaire ;
RIGAUD, Inspecteur primaire ;

MM Danelle-Bernardin, Donnot et Jeanneney s'excusent, par lettre, et expriment leurs regrets de ne pouvoir assister à la séance.

M. l'Inspecteur d'académie expose l'objet de la réunion ; il s'agit de visiter sommairement l'exposition et de déterminer la nature et le nombre des récompenses qui seront accordées. L'Exposition a surtout pour objet de constater les progrès accomplis dans l'instruction primaire. Néanmoins, les lycée et colléges du département ont envoyé des travaux remarquables. Ces établissements doivent-ils être compris parmi les exposants admis au bénéfice des récompenses ?

Le Comité décide que le lycée et les colléges seront mis hors concours, les points de comparaison manquant pour apprécier leurs travaux relativement à ceux des écoles primaires ; mais il leur sera délivré, s'il y a lieu, un diplôme d'honneur ou de mérite.

Quant à la nature des récompenses, le Comité décide que, conformément à l'usage général établi dans les concours de cette nature, elles seront classées de la manière suivante :

1° Médaille d'or.
2° Médaille d'argent, grand module.
3° Médaille d'argent, petit module.
4° Médaille de bronze.
5° Mention honorable.
6° Ouvrages d'éducation pour les élèves les plus méritants.

Le Comité décide, en outre, qu'en ce qui concerne les travaux des instituteurs récompensés à l'Exposition universelle de 1878 et figurant à l'Exposition départementale, il sera accordé un rappel de mention.

Avant de déterminer le nombre des récompenses, le Comité se rend dans la salle de l'Exposition et examine les travaux des instituteurs et institutrices. Il est frappé des progrès accomplis en dessin, en géographie, en cartographie, en pédagogie, progrès représentés par de très nombreux spécimens de dessins linéaire et d'imitation, par des cartes du département, d'arrondissement, de cantons, plans écrits et plans en relief, cahiers d'élèves comprenant les devoirs d'une année, etc.

Cette visite générale ne permet pas au Comité de fixer d'une façon précise et définitive le nombre des récompenses à accorder. Mais, vu l'ensemble des travaux exposés, il exprime le désir que ce nombre soit aussi grand que possible.

Le crédit mis à la disposition de M. l'Inspecteur d'académie par le Conseil général, se trouvant en grande partie absorbé par les frais d'installation, le Comité croit devoir faire appel à toutes les personnes qui s'intéressent à l'instruction.

Il résulte des offres faites soit par les membres présents, soit par d'autres personnes, que le Comité a, dès aujourd'hui, à sa disposition :

2 médailles d'or ;

6 médailles de vermeil ;

Et environ 10 médailles d'argent.

M. l'Inspecteur d'académie est chargé d'adresser un extrait du présent procès-verbal à MM. les sénateurs et députés, à MM. les membres du Conseil général et à toutes les personnes qui portent intérêt aux progrès de l'instruction.

La séance est close à midi.

Fait à Chaumont, le 18 septembre 1879.

Le Secrétaire, *Le Vice-Président.*
PIOT.   L. DUPONNOIS.

Du 20 septembre 1879.

A Messieurs les Sénateurs, les Députés, les Conseillers généraux, etc.

J'ai l'honneur de vous adresser un extrait du procès-verbal de la séance tenue par le Comité central de l'Exposition scolaire de la Haute-Marne.

Le Comité a constaté le nombre et le mérite des travaux exposés par nos instituteurs, et il exprime le désir de voir les maîtres et les élèves obtenir les récompenses dues à leur intelligence et leur zèle.

J'ajoute que le nombre des visiteurs, de notre exposition prouve l'intérêt qu'elle excite. Depuis le 8 septembre, jour de l'ouverture, jusqu'au 19 du même mois, on a compté près de 4,000 visiteurs. Les instituteurs, en particulier, y viennent en grand nombre et examinent avec un soin curieux cet ensemble si varié de travaux et d'instruments scolaires ; ils déclarent unanimement qu'ils retireront un grand profit de cette étude.

Si vous pensez, M., devoir vous associer à cette œuvre éminemment utile, et ajouter votre offre aux libéralités déjà faites, je vous serais obligé de vouloir bien m'en informer, dans un bref délai, afin que le Comité puisse fixer définitivement le nombre des récompenses à accorder (1).

Veuillez, etc.

L'Inspecteur d'Académie,
L. DUPONNOIS.

Du 20 septembre 1879.

Monsieur le Maire de Wassy,

La ville de Chaumont a voté une somme de 100 fr. au profit de l'Exposition scolaire de la Haute-Marne. M. le maire de

---

(1) Les dons consistent en argent destiné à acheter des ouvrages d'éducation qui serviront à récompenser les maîtres et les élèves, et en médailles d'or (110 à 120 fr.), de vermeil (30 fr.), d'argent (20 fr.), de bronze (6 fr.).

Langres va, de son côté, provoquer un vote de même nature de la part de son Conseil municipal. La ville de Wassy voudra sans doute s'associer aussi à une œuvre qui intéresse tout le département.

Je vous serais reconnaissant de vouloir bien soumettre cette question au Conseil que vous présidez et qui, je le sais, s'intéresse vivement à ce qui concerne l'instruction à tous ses degrés.

Ci-joint un extrait du procès-verbal de la séance du Comité central.

Veuillez, etc.

L'Inspecteur d'Académie,
L. DUPONNOIS.

Délégation d'un Inspecteur général chargé de rendre compte à M. le Ministre du mérite des travaux exposés.

Du 4 octobre 1879.

Monsieur le Ministre,

J'ai eu l'honneur de vous informer, le 27 août dernier, qu'une Exposition scolaire départementale avait été organisée par mes soins le 8 septembre écoulé, et je vous priais de vouloir bien mettre à ma disposition quelques récompenses à décerner aux instituteurs ou institutrices les plus méritants.

Cette Exposition a excité l'attention de tout le département : elle a été visitée déjà par plus de 8,000 personnes ; les journaux de la localité lui ont consacré de nombreux articles ; sénateurs et députés, conseillers généraux ont voulu contribuer personnellement à l'acquisition de médailles d'or, de vermeil et d'argent, destinées aux prix que nous nous proposons d'accorder.

Je serais heureux, Monsieur le Ministre, que vous voulussiez bien vous faire rendre compte du mérite des travaux exposés, en déléguant un Inspecteur général à notre Exposition (1). Les insti-

---

(1) L'Inspecteur général, délégué par M. le Ministre, est M. Bonnet, inspecteur de l'enseignement primaire, en retraite à Montargis (Loiret).

tuteurs trouveraient dans ce témoignage d'intérêt de l'Administration supérieure un puissant stimulant et vous en seraient profondément reconnaissants.

J'ajoute qu'en vous présentant cette demande, j'ai l'assentiment de M. le Préfet de la Haute-Marne.

Notre Exposition restera ouverte jusqu'au 20 octobre courant.

J'ai l'honneur d'être, etc.

L'Inspecteur d'Académie,
L. DUPONNOIS.

Subdivision du Jury d'examen en sous-commissions et répartition des travaux à examiner.

JURY D'EXAMEN

INSTITUÉ PAR ARRÊTÉ DE M. LE PRÉFET DE LA HAUTE-MARNE, EN DATE DU 10 AOUT 1879.

Séance du 6 octobre 1879.

L'an mil huit cent soixante-dix-neuf, le lundi 6 octobre, le Jury d'examen, chargé de faire ses propositions pour les récompenses qui doivent être accordées aux exposants à l'Exhibition scolaire de tous les travaux des écoles primaires diverses de la Haute-Marne, jury institué par arrêté de M. le Préfet de ce département, en date du 10 août 1879, s'est réuni à l'Hôtel de la Préfecture, à dix heures du matin, sous la présidence de M. Duponnois, Inspecteur d'Académie, à Chaumont.

M. Haas, chef de division à la Préfecture, est désigné pour remplir les fonctions de secrétaire, à cette séance.

M. Duponnois, président. — L'ordre du jour de notre réunion a pour objet d'inviter les membres des diverses sections du Jury à procéder à leur organisation intérieure, c'est-à-dire à la nomination, dans chaque section, d'un Président et d'un Secrétaire, puis à la répartition du travail entre tous les membres des diverses sections.

Le Jury adopte à l'unanimité les propositions de M. le Président, sous cette réserve, commandée d'ailleurs par les aptitudes diverses, que certains membres pourront faire partie de plusieurs sections.

En conséquence de cette décision, les diverses sections sont subdivisées ainsi qu'il suit, savoir :

1re SECTION. *(Salle du Conseil de Préfecture.)*

Organisation matérielle : Projets et plans graphiques ou en relief des Maisons d'école, Salles d'asile et autres établissements affectés à l'éducation de l'enfance, avec légendes explicatives ; Mobiliers scolaires, Tables, Bancs, Chaises ou Tabourets isolés fixes ou mobiles, en bois, fer ou fonte ; Système d'Arrosage, de Chauffage, de Ventilation ; Livres, Cartes, Sphères, Instruments, Sacs et Fournitures classiques, etc.

MM. CARLIER, ingénieur en chef des Ponts et Chaussées ;
SÉRON, conseiller municipal ;
DELAUMONE, conseiller municipal ;
BIZET, conseiller municipal.
PIOT, inspecteur primaire à Chaumont ;
HAAS, chef de division à la Préfecture ;
VISCONTI, agent-voyer en chef.

NOMINATION DU BUREAU.

Président : M. Carlier, ingénieur en chef des Ponts et Chaussées.

Secrétaire : M. Haas, chef de division à la Préfecture.

1re *Sous Commission*. — Projets et Plans graphiques ou en relief de Maisons d'école, Salles d'asile et autres établissements affectés à l'éducation de l'enfance avec légendes explicatives.

MM. Séron, Bizet, Visconti.

2e *Sous-Commission*. — Mobiliers scolaires, Tables, Bancs,

Chaises ou Tabourets isolés, fixes ou mobiles, en bois, fer ou fonte ; Systèmes d'Arrosage, de Chauffage, de Ventilation.

MM. Carlier, Delaumone, Piot.

3e *Sous-Commission.* — Livres, Cartes, Sphères, Instruments, Sacs et Fournitures classiques, etc.

MM. Carlier, Visconti, Péter et Haas.

2e SECTION. (*Salle de la Société d'Agriculture.*)

Organisation intérieure : Règlements particuliers, Usages locaux, Gymnastique, Exercice du fusil, Récompenses spéciales, personnelles ou par groupe. Livrets de caisse d'épargne, Bons points, Papier-monnaie, Promenades, Punitions, etc.

MM. SÉE, secrétaire général de la Préfecture ;
PÉTER, capitaine du génie, à Chaumont ;
DONNOT, maire, conseiller général ;
RIVÉ, juge de paix à Chaumont ;
GOMBERT, président du Conseil d'arrond[t], à Forcey.
PLATEAU, inspecteur primaire à Langres.

NOMINATION DU BUREAU

Président : M. Sée, secrétaire général de la Préfecture.

Secrétaire : M. Plateau, inspecteur primaire.

1re *Sous-Commission.* — Règlements particuliers, Usages locaux.

MM. Sée, Plateau, Gobin.

2e *Sous-Commission.* — Gymnastique, Exercice du fusil, récompenses, Livrets de caisse d'épargne, Bons points, Papier-monnaie, Punitions, etc.

MM. Donnot, Rivet, Gombert, Rigaud et Péter.

3ᵉ SECTION (*Salle du Conseil général.*)

Organisation pédagogique : Cahiers d'écriture, de devoirs ; Cartes géographiques, Cartes topographiques en relief et autres des sections de communes, des communes, cantons, etc. ; Dessins linéaires, d'ornement, d'imitation, au trait, à la plume, au lavis ou au crayon ; Livres classiques ; Ouvrages scientifiques et littéraires ; Statistique. *Enseignement de l'horticulture* : travaux des instituteurs, travaux et cahiers des élèves, produits des jardins scolaires, etc.

MM. FLAMARION, vice-président du Conseil général, à Nogent ;
    DE MONTROL, conseiller général, à Juzennecourt ;
    NOBLE, président de la Société de secours mutuels.
    PASQUIER, conseiller général, à Chamarandes ;
    CAVANIOL, conseiller d'arrondissement ;
    MERGER, avocat, conseiller municipal ;
    HUSSON, proviseur ;
    BOURLIER, censeur du lycée de Chaumont ;
    SORET, professeur au lycée de Chaumont ;
    PIOT, inspecteur primaire, à Chaumont ;
    WELTER, inspecteur primaire, à Chaumont ;
    PLATEAU, inspecteur primaire, à Langres ;
    RIGAUD, inspecteur primaire, à Wassy ;
    GOBIN, directeur de l'école normale ;
    DELAUMONE, ancien professeur ;
    GUIOT, professeur de dessin ;
    SAUVAGE, professeur d'agriculture ;
    CHAUMONT, professeur en retraite, à Clefmont ;
    LACHÈZE, professeur d'horticulture à l'école normale ;

NOMINATION DU BUREAU.

Président : M. le Dr Flamarion, vice-président du Conseil général.

Vice-président : M. Delaumone.

Secrétaire : M. Piot, inspecteur primaire.

1re *Sous-Commission*. — Cahiers d'écriture et de Devoirs.

MM. Piot, Welter, Plateau, Rigaud, Chaumont et Delaumone.

2me *Sous-Commission*. — Cartes géographiques et topographiques, en relief et autres, des sections de commune.

MM. Flamarion, Merger, Soret et Péter.

3me *Sous-Commission*. — Dessins linéaire, d'ornement et d'imitation au trait, etc.

MM. Guiot, Chaumont, Gobin, Bizet, Carlier et Visconti.

4me *Sous-Commission*. — Livres classiques; Ouvrages scientifiques et littéraires.

MM. Welter, Plateau, Husson, Bourlier, Cavaniol et Péter.

5me *Sous-Commission*. — Statistique, Horticulture, Travaux et Cahiers des élèves en cette matière; Jardins scolaires.

MM. Sauvage, de Montrol, Lachaise, Pasquier et Noble.

4me SECTION. *(Salle de la Commission permanente.)*

Travaux personnels des Instituteurs et des Institutrices : Traités de pédagogie, Mémoires sur les méthodes et les procédés employés pour l'enseignement des matières obligatoires et facultatives; Journal de classe, Tableau de l'emploi du temps, etc.

MM. DUPONNOIS, inspecteur d'Académie ;
BOURLIER, censeur du lycée ;
DE MONTROL, conseiller général ;

MM. PIOT, inspecteur primaire à Chaumont ;
WELTER, inspecteur primaire à Chaumont ;
PLATEAU, inspecteur primaire à Langres ;
RIGAUD, inspecteur primaire à Wassy.

NOMINATION DU BUREAU.

Président : M. Duponnois, inspecteur d'Académie.
Secrétaire : M. Welter, inspecteur primaire.

1re Sous-Commission. — Traités de pédagogie, Mémoires sur les méthodes et procédés employés pour l'enseignement des matières obligatoires et facultatives.

MM. Duponnois, Bourlier, de Montrol, Welter et Soret.

2me Sous-Commission. — Journal de classe, Tableau de l'emploi du temps, etc..

MM. Plateau, Piot et Rigaud.

5me SECTION. *(Salle du Conseil général.)*

Travaux à l'aiguille : Couture, Points divers, Remmaillage, Reprise, Marque et numérotage du linge, Tricot, Ouvrages divers.

Mmes LEREUIL ;
LAMBERT ;
DONNOT ;
FÈVRE ;
CARLIER ;
VILA ;
PIOT ;
SIMON, Samuel ;
ALPHANDÉRY ;
MOUGEOT, Paul ;
CAVANIOL, Henri ;
HUSSON ;

Mᵐᵉˢ BERTHELOT ;
  SIMON, Arthur ;
  LIGNÉE ;
  LISSE.

M. l'Inspecteur d'Académie, président, fait observer que les Dames qui font partie du Jury, pour la section des travaux à l'aiguille, ont pris les mesures nécessaires pour remplir la mission qui leur a été confiée, et que, dès lors, on n'a point à s'en occuper. — Les travaux de la cinquième Section seront, en conséquence et régulièrement, soumis à la décision supérieure du Comité centrale, chargé de la décision souveraine sur le mérite des objets présentés, et les récompenses à décerner aux exposants.

Un membre du Jury d'examen demande quelles seront les récompenses à décerner aux exposants par les diverses Commissions et quel sera le nombre attribué à chaque section.

M. Duponnois, président, déclare que, grâce à la bienveillance des sénateurs, députés, conseillers généraux, au concours des villes et des amis de l'instruction publique, on peut compter, dès à présent, sur :

1° 3 médailles d'or.
2° 2 médailles de vermeil.
3° 29 médailles d'argent.
4° 24 médailles de bronze.
5° Les Mentions honorables nécessaires d'après l'avis des Jurys de section.
6° Qu'il y aura, en plus, des diplômes d'honneur donnés aux collectivités d'exposants ou établissements spéciaux qui les représentent.

Une question est soulevée par un membre du Jury d'examen, au sujet des exposants qui ont déjà obtenu des récompenses à l'Exposition universelle de 1878.

Il est répondu que ces exposants, déjà récompensés, ne doivent pas avoir ici une nouvelle récompense autre qu'un rappel de la première, l'Exposition départementale scolaire ayant un caractère tout spécial.

Un membre du Jury d'examen demande à faire à cet égard une observation de règle : Les instituteurs qui ont pris part à l'Exposition universelle de 1878, ont concouru avec toute la France. Alors leur mérite était relatif. Ici le mérite relatif peut devenir le mérite supérieur et il ne serait pas juste que, dans une Exposition locale, celui qui aurait obtenu une médaille de bronze à l'Exposition générale, et qui mériterait à l'Exposition spéciale une médaille d'or, n'obtînt qu'un rappel de médaille de bronze. On doit vouloir en équité et pouvoir en bonne justice procéder autrement.

Après une courte discussion, le Jury d'examen qui ne saurait empiéter sur les pouvoirs du Comité central, mais qui a pour mission de faire des propositions qu'il sera difficile à cette dernière assemblée de ne pas prendre en sérieuse considération, émet l'avis que les objets exposés doivent être examinés au point de vue de leur valeur et de leur mérite réels, abstraction faite des récompenses dont ces produits auraient été l'objet à l'Exposition universelle, — que, dès lors, on proposera pour chacun d'eux le prix qu'ils méritent par rapport à tous les autres ; que si le produit exposé et récompensé à Paris ne mérite qu'un rappel, ce rappel sera fait purement et simplement ; mais que s'il mérite une récompense supérieure, elle devra être proposée nonobstant la récompense qui aurait été décernée à l'Exposition universelle.

En conséquence, les diverses sections du Jury d'examen devront s'inspirer de cet ordre d'idées : que l'Exposition scolaire départementale est une œuvre toute locale ; que les mérites des exposants doivent être appréciés *ad valorem*, sans s'occuper des précédents de l'Exposition universelle de 1878, autrement que pour confirmer et rappeler purement et simplement les hautes décisions du Jury de Paris, quand les travaux ne mériteront pas plus ; que si les travaux méritent beaucoup mieux relativement aux travaux de même ordre, ils seront classés au rang qu'ils doivent occuper et que leur auteur sera proposé pour la récompense qu'ils méritent.

Cette résolution de principe est adoptée à l'unanimité.

Un autre membre demande une explication sur le point de savoir ce qui devra être proposé en faveur d'exposants qui, dans deux, trois ou quatre sections, seraient classés en première ligne.

M. Duponnois, président, fait observer que les quatre sections pourraient difficilement se concerter à cet égard, — qu'elles n'ont pas même à le faire, — qu'elles ne doivent se préoccuper que du mérite spécial des travaux soumis à leur examen; qu'elles n'ont point à se communiquer leurs procès-verbaux; que la question posée, et qui a bien son mérite, est du ressort de la Commission centrale; que, quand cette Commission trouvera un exposant classé partout en ligne égale, il sera de droit promu à une récompense supérieure; que si, par impossible, il était proposé par les quatre sections pour une médaille d'or, par exemple, comme le Jury d'examen et le Comité central n'ont pas de récompense supérieure à leur disposition, il serait fait mention de ce cas spécial au moyen d'un diplôme particulier.

Cette solution est admise unanimement.

Un membre demande comment il sera possible aux Jurys de sections d'avoir à leur disposition, pour être soumis à un examen consciencieux, tous les objets exposés.

M. l'Inspecteur d'Académie, président, fait observer que, dès maintenant, les diverses sections peuvent, chacune en ce qui la concerne, examiner, de neuf heures du matin à midi, c'est-à-dire avant l'admission du public à l'Exposition, la généralité des travaux exposés; que M. Ferrand, commis d'inspection, les éclairera dans leurs études en leur montrant les travaux qu'ils peuvent examiner sans déplacement aujourd'hui; qu'après la clôture de l'Exposition, tout sera divisé par section et par groupe de section, et mis à la disposition des membres du Jury.

Un membre demande à connaître les salles de réunion et l'ordre des travaux.

M. l'Inspecteur d'Académie, président, répond que M. le Préfet a bien voulu mettre à la disposition du Jury les salles affectées aux travaux des Commissions du Conseil général, de manière à ce que chaque section du Jury puisse avoir ainsi une salle particulière.

Il est décidé, en conséquence, que la grande salle du Conseil général sera dévolue à la troisième Section, la plus nombreuse, et celle qui est chargée des travaux les plus compliqués.

Que la salle Barrotte, dans laquelle la Commission permanente tient ses séances, sera départie à la quatrième Section dont les travaux ont une certaine connexité avec ceux de la troisième.

Que la deuxième Section occupera la salle affectée à la Société d'Agriculture de l'arrondissement de Chaumont.

Enfin, que la première Section tiendra ses séances dans la salle qui sert de prétoire au Conseil de Préfecture.

Un membre demande comment il sera procédé aux divers travaux des Sections?

M. l'Inspecteur d'Académie, président, répond qu'il notifiera les résolutions des membres des quatre Sections aux Présidents de ces Sections, en les invitant à prendre les dispositions nécessaires pour diriger les travaux qui incombent à chacune d'elles et de manière à ce que les travaux d'ensemble puissent être soumis, dans le plus court délai possible, au Comité central.

L'ordre du jour étant épuisé, la séance est levée.

Le Secrétaire,   *Le Président,*
C.-P. Marie HAAS.   L. DUPONNOIS.

Libéralités.

Du 6 octobre 1879.

A MESSIEURS LES LIBRAIRES, ÉDITEURS ET IMPRIMEURS QUI ONT ENVOYÉ DES OUVRAGES A L'EXPOSITION.

Monsieur,

Le Comité central de l'Exposition scolaire de la Haute-Marne a constaté le nombre et le mérite des travaux exposés par nos instituteurs, et il exprime le désir de voir les maîtres et les élèves obtenir les récompenses dues à leur intelligence et à leur zèle.

Le nombre des visiteurs prouve l'intérêt qu'elle excite. Depuis le 8 septembre, jour de l'ouverture, jusqu'au 6 octobre, on a compté 8,500 visiteurs. Les instituteurs en particulier, y viennent en grand nombre et examinent avec un soin curieux cet ensemble si varié de travaux et d'instruments scolaires; ils déclarent unanimement qu'ils retireront un grand profit de cette étude.

Si vous pensiez, Monsieur, devoir vous associer à cette œuvre éminemment utile, et ajouter l'abandon de vos ouvrages aux libéralités déjà faites, par plusieurs de vos confrères, je vous serais obligé de vouloir bien m'en informer, dans un bref délai, afin que le Comité puisse fixer définitivement le nombre des récompenses à accorder.

Veuillez agréer, etc.

L'Inspecteur d'Académie,

L. DUPONNOIS.

TITRE II.

TRAVAUX.

TITRE II.

TRAVAUX.

Ire SECTION. — **Organisation matérielle.**

Les membres du Jury d'examen de la première section ont procédé aux opérations qui leur étaient départies. Subdivisés en deux Sous-Commissions, ils ont cru devoir, après un examen sommaire des objets exposés, décider qu'ils ne se scinderaient pas, pour accomplir leur tâche, mais qu'ils procéderaient en réunion plénière. Les conclusions du Jury ont donc été arrêtées à la grande majorité et presque toujours à l'unanimité des voix, ce qui était nécessaire, dans l'opinion de ses membres, pour leur donner l'autorité qu'elles doivent avoir auprès du Jury central. Nul dissentiment ne s'est produit sérieusement, et les Secrétaires-Rapporteurs sont heureux d'exprimer ici la satisfaction qu'ils éprouvent de présenter un travail de détail et d'ensemble qui est véritablement une œuvre commune à tous les membres du Jury du premier groupe.

Après avoir examiné sommairement, d'abord tous les articles qui rentraient dans ses attributions, le Jury a cru devoir, pour la régularité de ses opérations, adopter une répartition qui lui semblait s'imposer d'elle-même. En conséquence, la partie de l'Exposition confiée à ses études, a été divisée ainsi : 1° Travaux des maîtres et des élèves de nos écoles départementales. 2° Travaux de l'industrie spéciale et de la librairie.

Dans la première partie, le Jury de groupe ou de la première section a dû examiner les objets ci-après et prendre les résolutions exigées par chacun d'eux :

1° Plusieurs feuilles de plans d'un élève de l'école primaire de Voisey, âgé de 14 ans, sous ce titre : *Projet de maison d'école.* Les indications essentielles font défaut. Aucune légende explicative n'est produite. L'examinateur ignore par conséquent si le travail est une œuvre originale ou une simple copie. Le Jury ne croit devoir faire aucune proposition en faveur de ce travail incomplet.

2° *Projet d'une école avec mairie* pour commune de 100 à 150 habitants, par M. Mercier, instituteur à Hâcourt. — Un devis sommaire établit que la dépense serait de 14,000 fr. La série des prix n'est pas indiquée, et elle est variable selon les lieux de provenance des matériaux de construction. Aucune observation n'est présentée à cet égard. L'auteur s'écarte d'ailleurs, sur beaucoup de points, des prescriptions réglementaires, notamment pour la hauteur de la classe. La disposition du local est rudimentaire et pourrait être mieux entendue. Le dessin lui-même révèle une exécution imparfaite, surtout en ce qui concerne les coupes. L'œuvre n'a semblé comporter aucune récompense spéciale.

3° M. Mercier, instituteur à Graffigny, a exposé un relief en carton représentant la maison d'école de cette commune. C'est un travail de patience et d'adresse assez bien exécuté et qui peut faciliter la rédaction des coupes dans les plans de construction. Ces coupes, d'ailleurs, s'imposent d'elles-mêmes aux regards. La partie supérieure est mobile, c'est-à-dire que le toit s'enlève comme un couvercle, ce qui permet d'étudier toute l'économie intérieure du bâtiment. Il y a là une œuvre d'un mérite relatif que le Jury propose de récompenser par une Mention honorable.

4° Le frère Alrich (Julien), des Écoles chrétiennes de Langres, expose : 1° *Un Relief idéal* pour l'enseignement de la géographie et des couches géologiques du sol en général ; 2° *Deux Reliefs de la ville de Langres*, l'un colorié avec des teintes conventionnelles, l'autre en blanc et comme matrice. L'école que dirige ce Frère, ou à laquelle il appartient comme maître-adjoint, présente encore : 1° une Sphère en relief; 2° une France en relief; 3° un Magasin d'épicerie en miniature pour l'enseignement de la tenue des livres; 4° six Appareils en bois délicatement confectionnés pour l'enseignement du dessin ; 5° un tableau noir pour l'enseignement des projections; 6° enfin, un ingénieux Mécanisme cosmographique destiné à l'enseignement du système planétaire, particulièrement de la marche de la terre autour du soleil et de la lune autour de la terre, etc.

Le Jury a étudié avec une attention spéciale le plan en relief de la ville de Langres et de ses environs. C'est, à son avis, une œuvre très-remarquable qui représente un travail long et minutieux, d'une exécution scientifique délicate et difficile. Ce plan témoigne en faveur de son auteur d'une connaissance complète des principes admis en topographie pour la représentation du terrain sur un plan, en même temps que d'une grande habitude à lire les cartes et à saisir les formes qu'elles définissent géométriquement. Tous les détails qu'il est intéressant de connaître sont simplement représentés par une teinte conventionnelle. Ce procédé est recommandé, car il relève d'un principe général en topographie, lequel consiste à ne jamais produire la confusion dans un plan en sacrifiant le principal et l'utile aux détails qui n'auraient d'autre but que celui de donner au travail un aspect plus séduisant et plus agréable. Le rapport des échelles adoptées pour les dimensions horizontales et pour les altitudes est convenablement choisi. Ce plan est une production véritablement distinguée qui mérite d'être l'objet d'une récompense exceptionnelle. Le Jury propose de décerner une médaille de vermeil à son auteur.

La *Sphère* et la *France en relief* sont des œuvres d'exploitation générale, dont le commerce a la disposition, et dont on peut tirer profit pour l'enseignement public. Mais elles ne constituent pas une exposition *personnelle* méritant une récompense locale, et le Jury a le devoir de les écarter du concours, sans autre appréciation ni recommandation.

Le *Magasin d'épicerie en miniature* avait, tout d'abord, attiré l'attention du Jury. Mais, après examen attentif, il ne lui a point paru justifier ni mériter l'intérêt qu'il semblait présenter par l'effet qu'il produisait à première vue. C'est, pour le bien caractériser, un joujou et non un sérieux moyen d'enseignement, même élémentaire. Il importe à l'enfant de savoir ce que signifient le poids, la mesure, la surface, l'étendue, le cube, etc., cette connaissance essentielle et multiple, il la trouvera, sous toutes les faces et toutes les formes, dans l'étude rudimentaire du système métrique complet. Mais ce qui lui importe moins, et ce que lui apprendrait seulement le Magasin d'épicerie en miniature, c'est de savoir que la marchandise qu'il doit peser est du sucre, du savon, du café, du poivre, du sel, de l'amidon ou de la chandelle. La comptabilité commerciale s'applique au trafic universel : elle n'a point ses bases uniques dans une de ses branches innombrables, l'épicerie ; ses principes sont les mêmes pour toute espèce de négoce. Il est impossible au Jury de voir en quoi, par exemple, le *Magasin d'épicerie en miniature*, composé de petits sacs, et de jolis pains de sucre, serait utile pour la draperie, la rouennerie, la rubannerie, la mercerie, l'orfévrerie diverse, la quincaillerie, la mégisserie, la métallurgie, la sylviculture, la minéralogie, etc.

Il a paru au Jury nécessaire de réagir contre le trompe-l'œil, et surtout contre une tendance trop accentuée, ayant pour objectif dangereux de rechercher des procédés purement et simplement matériels et toujours tout à fait incomplets pour l'enseignement populaire véritablement sérieux et profitable. Ce n'est point, et le Jury tient à le dire, avec des boîtes et des manivelles que l'on peut apprendre la tenue des livres ou toute autre chose d'utile aux enfants des campagnes, développer leur intelligence, former leur jugement, élever leur âme.

Passons à ce qui est véritablement pratique dans l'Exposition, que le Jury de la première section examine.

Les appareils en bois pour l'enseignement du dessin et le tableau noir pour démontrer les projections ont été fort appréciés par le jury du premier groupe; le beau, le bon, l'utile s'imposent par la seule puissance du principe dont ils procèdent. Mais l'auteur de ces objets ou l'école qui les a exposés en son nom, ayant été proposés pour une médaille de vermeil, bien méritée, le jury n'a plus à délibérer pour une récompense d'un ordre inférieur. Il appartiendra au comité central d'examiner s'il y a lieu d'élever la première demandée par le jury de groupe.

L'appareil cosmographique a été et devait être, surtout d'après ce que la presse en avait dit, l'objet d'un examen attentif tout particulier de la part des membres du jury de la première section. Il révèle des connaissances astronomiques et mécaniques très complètes et qui excèdent certainement les limites de l'instruction primaire. Mais le but poursuivi a son mérite, quand il ne serait autre que de démontrer ce que la science réelle peut produire. Aux mains d'un maître éclairé, d'un instituteur de premier ordre, comme la Haute-Marne est heureuse et fière à juste titre, d'en posséder beaucoup, ce mécanisme, des plus remarquables, pourrait être avantageusement utilisé si, toutefois, son prix ne le rendait pas inaccessible aux écoles primaires. La nature et le perfectionnement du mécanisme donnent malheureusement à craindre que la dépense d'acquisition ne soit relativement trop considérable pour les communes rurales au moins. Dans cette circonstance, le jury, tout en appréciant ce travail à sa juste valeur et pour lequel il demanderait volontiers une récompense de premier ordre, n'a pas autrement à se prononcer, puisqu'il est une production tout à fait étrangère à l'instruction primaire de la Haute-Marne : il est exposé au nom d'un instituteur congréganiste de la Savoie.

6° M. Séguin, instituteur à Charmes, a exposé un plan en relief avec maisons et rues du village de cette commune. Le travail méritoire que cet honorable instituteur a produit est bien loin d'être compris comme celui de la ville de Langres et ses environs, et de révéler les mêmes études ou connaissances scientifiques : Il est fantaisiste ou imaginaire ; l'échelle des hauteurs et la légende pour déterminer la proportionnalité des reliefs font absolument défaut ; l'auteur paraît s'être inspiré uniquement du plan d'assemblage du cadastre ; les rues sont admirablement tracées ; le relief des habitations semble en rapport avec l'espace qu'elles occupent ; les terrains sont désignés avec des teintes qui les font parfaitement reconnaître. Mais là se borne le mérite réel de l'œuvre. Néanmoins cette œuvre a été appréciée par le jury comme ayant exigé un effort considérable et comme étant digne d'un sérieux encouragement. Il croit devoir en conséquence proposer pour son auteur une médaille de bronze de premier ordre, comptant qu'avec peu d'études complémentaires cet auteur fera beaucoup mieux dans l'avenir.

6° M. Beauvière, instituteur, a exposé deux plans en relief de la commune d'Ambonville, avec le relief de trois maisons. Ces travaux, qui ont nécessairement demandé beaucoup de temps et de soin, présentent les mêmes imperfections que le plan de Charmes-les-Langres mais plus accentuées. La forêt enlève au travail son principal mérite ; les hauteurs sont en disproportion avec les principes admis en pareil cas et dont il est fait mention plus haut pour le plan en relief de Langres et ses environs. Toutefois l'effort a été grand et il paraît suffisant au jury pour le déterminer, unanimement, à proposer en faveur de M. Bauvière une mention honorable.

7° M. Andrieux, instituteur à Laferté-sur-Aube, a exposé un musée scolaire. C'est une collection considérable de choses usuelles ou curieuses, mais plus usuelles que curieuses, que le maître, ses élèves et leurs parents ont pu se procurer autour d'eux ou dans leurs excursions diverses et qui devient ainsi, par le talent et l'observation du maître, un auxiliaire de la plus grande utilité pour les leçons de choses. Le vigilant instituteur s'est appliqué à réunir d'abord le plus utile — ce que révèle particulièrement sa remarquable collection forestière ou sylvicole contenant un spécimen de toutes les essences de bois du pays. Dans les proportions de ce musée, rien n'est plus intéressant pour une école rurale ni plus digne d'encouragement. Mais en faisant sortir son œuvre de la sphère où elle semble devoir être circonscrite, M. Andrieux risquerait de dépasser le but qu'elle doit avoir et de la compromettre. Peut-être est-il déjà aller trop loin dans le domaine de la science pure, car quelques échantillons de son musée font craindre qu'il n'ait commis de graves erreurs de classification pour les fossiles. Mais ces légères imperfections n'enlèvent rien au mérite général de cet intéressant musée scolaire, qu'il serait désirable de voir établi partout, et le jury n'hésite point à demander pour M. Andrieux, l'intelligent et laborieux instituteur de Laferté-sur-Aube, une médaille d'argent grand module.

8° Partant d'un ordre d'idées a peu près identique, mais beaucoup moins compliqué dans sa manifestation, que celui qui a inspiré M. Andrieux, M. Voigny, instituteur à Châteauvillain, a exposé six tableaux pour les leçons de choses. Sa bonne volonté est des plus louables. Mais, à côté de produits locaux, s'en trouvent d'autres qui sortent du cadre de l'enseignement primaire et l'honorable instituteur s'est ainsi exposé à commettre des erreurs de classification. Le travail qu'il a présenté offre un mérite incontestable en lui-même. Il a paru tel au jury, qu'il demande pour M. Vougny une médaille de bronze de premier ordre.

9° M. Blanchot, instituteur à Vauxbons, a présenté aussi deux tableaux de même genre qui paraissent devoir lui mériter une mention honorable.

10° Le boulier-compteur de M. Varney, instituteur à Bannes, peut certainement offrir les avantages dont parle l'auteur à un point de vue qui fait abstraction de la question économique. Il doit occasionner une dépense d'établissement hors de proportion avec les services qu'il peut rendre. On peut d'ailleurs y suppléer par des objets sans valeur qui se trouvent à la portée de tout le monde, tels que bûchettes, petits cailloux, noisettes, pois, etc. On peut dire du boulier en général, ce qui a été dit pour le magasin d'épicerie en miniature — c'est le relatif infinitésimal. La Commission croit néanmoins devoir tenir compte du travail accompli avec soin et proposer M. Varney pour une mention honorable.

11° Deux tableaux de M. Albert, instituteur à Arbot, ont paru sans valeur spéciale et le jury du premier groupe croit devoir se borner à les mentionner ici.

12° M. Baudoin de Vecqueville a exposé un dessin, à l'échelle grandeur naturelle, de deux pieds de banc en fonte qui, reliés entre eux, serviraient à des bancs-tables et proviendraient des usines de M. Capitain-Gény, propriétaire des forges et fonderies de Bussy, près Joinville. Le jury connaît les discussions et les controverses soulevées par la question des bancs-tables. Les uns sont pour la distance ; les autres contre — les uns sont pour les dossiers, les autres les proscrivent etc., etc. Le jury repousse tout système absolu, tout parti préconçu, ne recherchant que le pratique, le meilleur et s'arrêtant à ce principe généralement admis, en dehors et au-dessus de toute controverse, à savoir : C'est qu'on doit faire des tables pour les élèves et non obliger les élèves à se façonner aux tables, parce qu'il paraît inadmissible que le bois ou le fer soit préférable aux enfants, qui méritent toutes les sympathies et toute la sollicitude de ceux qui doivent les élever et les garantir contre tout danger physique aussi bien que contre tout abus moral. Partant de cette ordre d'idées, le jury de groupe aurait voulu voir un spécimen fabriqué du modèle présenté par M. Baudoin. Le système mobile pour élever la table à volonté a paru défectueux. Le jury est d'avis d'écarter tout système à charnières, à rabattements et toute complication pour les enfants ; il s'en réfère à ce qu'il y a de plus simple. Le dossier manque ; sa traverse est trop loin du sol et les pieds de l'enfant pourraient se prendre dans l'intervalle. Peut-être que le prix peu élevé du banc-table amènerait le jury à modifier ses appréciations et à conclure en faveur du système présenté, si un nouveau spécimen réel était mis sous ses yeux. Dans tous les cas, il pense que l'auteur doit être invité à établir un banc-table perfectionné, et en attendant il demande pour lui une mention honorable.

12° Le siége isolé de M. Gelin, offre les inconvénients de la la mobilité. Fixé, il perd la plus grande partie de son mérite.

Dans un album, M. Gelin donne divers spécimens de mobiliers scolaires. Un des bancs de table, présenté par M. Gelin, se trouve dessiné dans un projet de cet instituteur pour une classe de 80 élèves. Ces travaux dénottent un esprit de recherche des plus louables; mais aucun résultat pratique n'apparaissant, en fin d'analyse, le jury ne saurait proposer aucune récompense pour les œuvres dont il s'agit.

Ici se termine la première et plus intéressante partie du travail du Jury de la première section, celle concernant l'Exposition des maîtres et des élèves qu'il avait pour mission d'examiner et de classer. En toute occasion le Jury a cru devoir se montrer réservé dans l'attribution des récompenses à décerner. Il n'en a point élevé la valeur, au contraire. Si les exposants en faveur desquels il croit devoir demander des médailles diverses, sont, pour d'autres travaux, classés de la même manière dans d'autres Jurys de groupe pour l'obtention de récompenses identiques, — ce qui paraîtrait leur ouvrir des droits à une récompense supérieure, — le Comité central pourra sûrement et justement statuer de la manière la plus favorable.

La seconde partie du travail du Jury de la première section n'a plus, à ses yeux, la même importance. Elle s'éloigne du but poursuivi et générateur de l'Exposition scolaire départementale, puisqu'elle ne concerne que l'industrie et la librairie parisiennes. Le Jury, n'ayant en vue que le progrès local, n'avait point à compter avec l'industrialisme et la spéculation, si utiles et intéressantes que soient l'un et l'autre au point de vue de l'économie et du progrès général. Il a examiné les articles de la deuxième partie en décidant qu'aucun ne pourrait être, de sa part, l'objet d'une récompense. Il se borne, en conséquence, à donner son avis sur chacun de ces articles.

1° *Tables-Bancs du Bazar du voyage*. — Le n° 1 n'offre pas assez de distance entre le banc et la table. Un dossier isolé serait préférable à un dossier commun. Le Jury du premier groupe a été unanime à reconnaître le mérite du banc-table à deux places.

Le n° 2 est le modèle qui a réuni tous les suffrages. Il paraît au Jury du premier groupe devoir être recommandé de préférence. Il est simple, peu coûteux, facile à réparer et se prête sans obstacle à des dimensions diverses, car les mêmes bancs ne peuvent convenir à des élèves de 6 ans et à ceux de 15 ans : Il les faut approprier à l'âge des élèves.

Le n° 3, avec ses tablettes à coulisses, paraît bien ; mais le système présente trop de mobilité, et le bruit produit par le couvercle de l'encrier doit être des plus défavorables à la discipline.

Le n° 4 diffère des autres par une traverse mobile servant de pupitre. Il a paru trop compliqué et devoir devenir une cause de réparations fréquentes et de bruit. Dans tous les cas, ce système appliqué à deux élèves serait des plus mauvais.

La table à dessin, insuffisante pour le dessin linéaire, ne convient pas pour le dessin d'ornement. Le prix en est d'ailleurs trop élevé pour les écoles primaires. En fait d'encriers, le Jury préfère le plus simple et le moins onéreux, l'encrier en plomb muni d'un couvercle en tôle : l'encre s'y conserve bien et il est facile à nettoyer.

Les tables du Bazar du Voyage, d'après les dessins de Pompée, mériteraient une mention honorable.

2° Le Jury a remarqué, avec un grand intérêt, la belle collection de tableaux Deyrolle, et elle fait des vœux pour que chaque école primaire communale en soit pourvue. Cette collection, bien comprise et à prix relativement faible, mériterait au moins une médaille d'argent. Mais, fidèle au principe que le Jury du premier groupe a cru devoir admettre, il se borne à recommander cette collection aux écoles et à lui décerner des éloges qui lui paraissent aussi justifiables que bien mérités.

3° Les cartes de France et d'Europe, de Levasseur, ont paru devoir être recommandées comme pouvant être utilement introduites dans les écoles primaires et mériter une mention honorable.

4° Quant aux cartes d'Erard, si bien faites à tous égards, elles sont véritablement trop chargées de détails pour les écoles primaires.

5° En fait d'Atlas, le Jury du premier groupe signale, comme très remarquablement exécuté, celui du bassin de l'Europe, par M. Villemain, chez Delalain.

6° Une boîte de Delagrave, pour les leçons de choses, a paru bien combinée, et comporter un certain mérite. Elle pourrait être introduite avantageusement dans les écoles.

Là s'est arrêtée la tâche de la première section ou Jury de groupe. En allant plus loin sur le domaine des livres, cartes, etc., elle aurait empiété sur les attributions du Jury de la troisième section.

Les autres objets examinés, tels que porte-plumes, fournitures classiques, etc., ne lui ont paru mériter aucune mention spéciale.

En résumé, le Jury de la première section demande en faveur des exposants dont il vient d'examiner les travaux, les récompenses ci-après :

DIPLÔME D'HONNEUR.

Frère Alrich (Julien), de Langres.

MÉDAILLE D'ARGENT (grand module).

M. Andrieux, instituteur à Laferté-sur-Aube.

MÉDAILLE DE BRONZE.

M. Vougny, instituteur à Châteauvillain.

MENTIONS HONORABLES.

MM. Mercier, instituteur à Graffigny.
Beauvière, instituteur à Ambonville.
Blanchot, instituteur à Vauxbons.
Varney, instituteur à Bannes.
Baudoin, instituteur à Vecqueville.

Les Secrétaires-Rapporteurs,
C.-P.-Marie HAAS, PIOT.

Le Président du Jury de la 1re section,
Jules CARLIER.

II° SECTION. — Organisation intérieure.

2ᵐᵉ Sous-Commission.

Gymnastique. Exercices militaires. Caisses d'épargne scolaires. Promenades scolaires. — La Commission chargée de l'examen des objets compris dans la *deuxième section* de l'Exposition scolaire départementale, n'a eu qu'un petit nombre de produits à examiner.

Ceux qui lui ont paru dignes d'encouragements sont :

1° Des fusils de bois destinés aux exercices gymnastiques dans les écoles ;

2° Des statuts et renseignements relatifs aux Caisses d'épargne scolaires ;

3° Le compte-rendu d'une promenade scolaire.

Les fusils de bois exposés par M. Cordebard, ancien sous-officier, à Chaumont, sont bien faits et parfaitement appropriés aux exercices militaires qui peuvent faire partie de l'enseignement de la gymnastique dans les écoles. Ils imitent le fusil chassepot et sont confectionnés de façon à permettre la manœuvre avec décomposition en temps, comme pour les exercices militaires.

La commission aurait désiré seulement que ces fusils fussent un peu plus pesants.

Les sacs militaires accompagnant le fusil Cordebard et destinés à recevoir les objets à l'usage des élèves sont également bien conditionnés.

Un certain nombre d'instituteurs avaient exposé des tableaux et autres documents faisant connaître le fonctionnement et la situation des Caisses d'épargne scolaires établies par leurs soins.

Cette institution éminemment moralisatrice mérite toutes nos sympathies et nos encouragements.

Chaque élève remet entre les mains de son instituteur les sous de poche qu'il a reçus de ses parents ou autrement, et, dès que la somme de ses économies atteint un franc, elle est déposée en son nom, par les soins de l'instituteur, à la grande Caisse d'épargne. Bien que la création de ces Caisses d'épargne scolaires ne remonte pas à plus de trois ou quatre ans, le nombre des élèves déposants et les sommes économisées sont réellement élevés : la moyenne des économies a atteint le chiffre de trente francs par élève dans les meilleures Caisses d'épargne scolaires.

M. Parison, instituteur de Bourbonne, mérite une récompense spéciale pour le zèle qu'il a déployé en créant une Caisse de ce genre, à laquelle il a joint une Caisse d'école destinée à procurer aux élèves pauvres des livres, des cahiers et même des aliments et des vêtements. Les résultats heureux qu'il a ainsi obtenus méritent tous les éloges.

Plusieurs autres instituteurs viennent ensuite avec des mérites divers, et la commission voudrait pouvoir demander pour tous des récompenses, car tous consacrent leurs loisirs, leurs soins, leur zèle et même leur propre bourse à une œuvre utile et qui est tout à l'avantage moral et matériel de l'enfance. Elle a dû se borner à proposer, après M. Parison, MM. Petit, instituteur de Nogent-le-Haut, et Loiseaux, instituteur de Juzennecourt.

Enfin, un compte-rendu de promenade scolaire a vivement intéressé votre Commission.

Depuis un certain temps, M. Depetasse, instituteur de Cusey, tout en préparant à l'examen du certificat d'études primaires les élèves de sa première division, les engageait, en attendant la création d'une Caisse d'épargne scolaire (qui a été établie depuis) à mettre de côté leurs sous de poche, afin de les employer à la dépense d'un voyage d'agrément à Dijon, auquel devaient être conviés ceux qui auraient réussi à cet examen.

Le voyage eut lieu, en effet, le dernier jeudi de mai 1879 ; et l'un des élèves rend compte dans un travail d'une dizaine de pages et dans un style simple mais intéressant, des péripéties et des incidents du voyage, et surtout de toutes les notions utiles que les élèves y ont apprises et des leçons que le maître, qui les conduisait, a trouvé l'occasion de leur faire sur les curiosités diverses qu'ils ont vues.

La Commission estime qu'il y a là un bon exemple à imiter et que M. Depetasse mérite un encouragement.

Elle a donc l'honneur de soumettre à l'approbation du Comité central, les propositions suivantes :

1° *Diplôme d'honneur*, à M. Cordebard, pour ses fusils de bois et ses sacs militaires destinés aux élèves des écoles.

2° *Médaille d'argent, petit module*, à M. Parison, instituteur à Bourbonne, pour la Caisse d'épargne scolaire et sa Caisse d'école.

3° *Mention honorable*, à M. Petit, instituteur à Nogent-le-Haut, pour sa Caisse d'épargne scolaire.

4° *Mention honorable*, à M. Loiseau, instituteur à Juzennecourt, pour sa Caisse d'épargne scolaire.

5° *Mention spéciale*, à M. Depetasse, instituteur à Cusey, pour organisation de Promenades instructives des élèves.

Le Secrétaire rapporteur,   *Le Président de la seconde section,*

PLATEAU.   SÉE.

IIIe SECTION. — Organisation pédagogique.

1re SOUS-COMMISSION.

Cahiers et devoirs d'Élèves. — La première Sous-Commission de la seconde section chargée d'examiner les cahiers d'élèves, rend compte au Comité central du travail auquel elle s'est livrée.

Elle avait à examiner deux séries distinctes de cahiers, l'une qui avait été préparée en vue de l'Exposition universelle de 1878, et qui ne comprenait que des travaux établis d'après une instruction spéciale et triés par les instituteurs au chef-lieu du canton avant leur envoi à Paris, l'autre qui n'a été préparée dans les écoles que depuis la circulaire de M. l'Inspecteur d'académie, en date du 1er mai 1879, et relative à l'organisation de notre Exposition départementale.

Il est à supposer que la plupart des instituteurs dont les cahiers avaient figuré à l'Exposition de Paris, se sont crus dispensés d'en envoyer de nouveaux pour l'Exposition départementale, car il n'y en a qu'un fort petit nombre qui en aient présenté.

La Commission se trouvait donc en présence de travaux d'origine différente, établis dans des conditions différentes. Il lui a semblé qu'elle devait apprécier séparément ces deux séries de cahiers. La première série, celle des cahiers ayant figuré à l'Exposition de Paris, renfermait 95 cahiers provenant des écoles de garçons ou mixtes; la deuxième série, celle des cahiers préparés depuis l'Exposition de Paris, comprenait 515 cahiers provenant de 108 écoles de garçons ou mixtes, ainsi que 46 cahiers provenant de 7 écoles de filles.

Quant à l'appréciation du mérite relatif des divers travaux, la Commission s'est inspirée des résolutions adoptées dans la séance générale de 6 octobre; elle a cherché surtout à se rendre compte de la marche de l'enseignement dans l'école, de la gradation et de l'application du programme d'études, du choix des devoirs, de la méthode de correction des exercices, enfin des résultats obtenus, en ayant égard aux circonstances c'est-à-dire à l'importance de l'école et du milieu dans lequel elle se trouve.

Un certain nombre de cahiers ne portaient pas d'autres indications que le nom de la commune; la Commission n'y a trouvé ni nom, ni âge d'élève, ni aucune date. Il lui a semblé que de tels cahiers devaient être écartés et elle ne les a pas examinés. D'autres cahiers remontaient à une date plus ou moins éloignée; la Commission n'a retenu que ceux qui se rapportaient à l'année scolaire 1878-1879, et, si elle les a comparés avec ceux des années antérieures, ce n'a été que pour vérifier si les études avaient suivi une marche ascendante régulière. Enfin elle a cru devoir écarter également comme ne représentant pas suffisamment l'école, un cahier, le seul présenté par cette école, et portant le nom du fils de l'instituteur.

Un danger qu'il est difficile aux instituteurs d'éviter lorsqu'ils préparent des devoirs et des cahiers en vue d'une exhibition c'est ce luxe d'ornements, d'encadrements, de dessins inutiles et trop achevés, enfin de couleurs et d'encres de couleur. La Commission a eu le regret d'en trouver beaucoup ; mais elle ne s'est pas laissé séduire par ce vain étalage d'inutilités, souvent de mauvais goût et qui ont dû faire dépenser un temps précieux.

Elle a pensé, qu'il était préférable d'encourager les maîtres qui, au lieu de présenter des cahiers corrects ne prouvant que la propreté du copiste, produisent des cahiers journaux où l'on trouve la marche réelle de l'enseignement et la preuve d'une direction pratique et utile.

La Commission est heureuse de pouvoir dire qu'elle a trouvé un assez grand nombre de ces intéressants cahiers ; la série et la gradation des devoirs, dans chaque matière, y révèlent les efforts constants des maîtres et des élèves; les corrections que porte chaque devoir y montrent l'action incessante du maître qui devient ainsi le collaborateur de l'élève au grand profit de celui-ci. Il est inutile d'ajouter que, partout où l'enseignement est ainsi dirigé, il parvient à des résultats complètement satisfaisants.

La Commission a pensé répondre au désir du Comité central en lui proposant de récompenser les instituteurs qui comprennent et accomplissent ainsi leur mission ; elle croit que le plus sûr moyen de faire tourner au profit de l'instruction primaire cette magnifique Exposition départementale, c'est d'encourager par les récompenses, dont le Comité dispose, les écoles qui produisent le bon, l'utile, plutôt que le brillant. Les instituteurs, en très-grand nombre, ont vu eux-mêmes, ils ont examiné, ils ont pris des notes ; les choix du Comité central leur indiqueront quelle est la voie qu'il faut suivre, quelle est celle qu'il faut éviter.

La Commission ne peut se dispenser d'exprimer un regret, celui de n'avoir trouvé qu'un nombre insignifiant de cahiers provenant des écoles de filles. Sept écoles de cette nature seulement avaient, en effet, présenté des cahiers. Il est regrettable que les institutrices n'aient pas répondu, comme les instituteurs, à l'appel qui leur avait été fait, et cette abstention est d'autant plus inexplicable, que le département de la Haute-Marne occupe l'un des premiers rangs dans les statistiques de l'instruction primaire.

Après un examen attentif et sérieux des divers cahiers, la Commission de la seconde section a dressé la liste de mérite suivante qu'elle a l'honneur de proposer à l'approbation du Comité central :

1re Série. — **Cahiers ayant figuré à l'Exposition de Paris.**

MÉDAILLE DE VERMEIL.

Eclaron. — M. Demimuid, instituteur (actuellement instituteur à Langres). — Un volume. Devoirs faits par l'élève Auguste Garnier. Travail remarquable par l'abondance des matières et la manière dont elles sont traitées. — Note 9 1/2.

Châteauvillain. — M. Vougny, instituteur. — Deux cahiers. Elèves Paris Jules, et Royer (14 ans l'un et l'autre). Très-bons devoirs. Bonnes corrections. Exercices d'analyse logique orale. Style personnel des élèves. Géométrie. Physique. Dessin. Table des matières en tête du volume. — Note 9 1/4.

MÉDAILLE D'ARGENT (grand module).

Saint-Urbain. — M. Demimuid, instituteur. — Un cahier de l'élève Simon, 16 ans. Devoirs variés, bien choisis, bien gradués, contrôlés par le maître. Comptes-rendus des promenades. Cahiers de mise au net très-soignés, reproduisant fidèlement le cahier journal. Ecriture supérieure. — Note 9.

Guindrecourt-sur-Blaise. — M. Blanchard, instituteur (actuellement à Lanty). Ecole mixte, commune de 180 habitants. — Un cahier par 3 élèves de 14, 15 et 16 ans. Un autre cahier par 3 garçons de 13, 14 et 15 ans. Un autre cahier par une fille de 12 ans et un garçon de 13 ans. Très-bons devoirs. Cahiers qui n'avaient pas été préparés en vue d'une Exposition. — Note 9.

MÉDAILLE D'ARGENT (petit module).

Arbot. (Ecole mixte). — M. Albert, instituteur. — Bon choix de sujets. Devoirs bien soignés et bien exécutés. — Note 8 3/4.

Joinville. (Ecole laïque). — M. Hanin, instituteur. — Deux cahiers d'élèves de 13 ans, présentant le travail scolaire du deuxième trimestre de 1876-77. Programme assez bien établi et généralement suivi. Notion d'industrie locale. — Note 8 1/2.

Millières. — M. Renard, instituteur. — Un cahier d'un seul élève : Décorse. Bons devoirs. Travail sérieux. Bonne graduation. — Note 8 1/2. (A produit en outre des cahiers nouveaux notés 8 1/2.)

Coiffy-le-Bas. — M. Paris, instituteur. — Cahiers complets, bien rédigés, donnant l'idée exacte de la marche de l'école. Rien d'inutile. — Note 8 1/2.

Agerille. — M. Paturel, instituteur. — Un volume. Travail consciencieux, sincère, profitable aux élèves. Table des matières. — Note 8 1/2.

Bourbonne. — M. Parison, instituteur. — Fonds excellent, sauf que l'on aurait pu y ajouter certains exercices et devoirs ayant leur utilité dans une école urbaine. — Note 8 1/2. (A produit en outre de nouveaux cahiers notés 7.)

Louremont. — M. Carlin, instituteur. — Elève Margot, pas d'indication d'âge. Devoirs d'histoire, de géographie, très-bien. Un peu trop d'analyses grammaticales écrites. Cahier bien tenu. — Note 8 1/2.

MÉDAILLE DE BRONZE.

Dommarien. — M. Depetasse, instituteur (actuellement à Fayl-Billot). — Devoirs bien distribués et bien écrits. Beaucoup d'ordre. Table très-intelligible. — Note 8 1/4.

Laneuville-à-Remy. — M. Carlin (Ulysse), instituteur. — Elève de 14 ans. Cahier correct très-bien fait. L'explication des mots a tort de donner deux sens au lieu de donner le sens qu'avait le mot dans la dictée ou dans la lecture. — Note 8 1/4.

Chatoillenot. — M. Cothenet, instituteur. Ecole mixte. Exercices nombreux et variés, bien choisis. Les corrections très-nombreuses aussi témoignent du zèle du maître. — Noté 8 1/4. (A produit en outre des cahiers nouvaux notés 8 1/4.)

Wassy. — M. Maitrot, instituteur. — Bon cahier qui aurait pu être établi dans un autre ordre. Les devoirs de style ne montrent pas la méthode employée par le maître. — Note 8. (A produit en outre des cahiers nouveaux notés 8 1/2.)

Orqueraux. — M. Petitfour, instituteur. — Un élève de 14 ans. Cahier soigné. Devoirs bien choisis, annotés. Musique. Agriculture. Table des exercices. — Note 8.

Nogent-le-Roi. — M. Petit, instituteur. — Cahier par 4 élèves du cours supérieur, du 15 janvier 1877 au 15 avril 1877. Beaucoup de bonnes choses, mais sans plan bien arrêté et sans assez de gradation. Abus des dessins. — Note 7 1/2. (A produit en outre des cahiers nouveaux notés 7 3/4.)

Juzennecourt. — M. Loiseaux, instituteur. — Cahier sans nom d'élève, du 15 janvier 1877 au 6 mars suivant. Travail sans prétention mais bon. Devoirs bien choisis. Parfois manque de gradation en calcul. Abus dans l'étude des familles de mots (*caput*). — Note 7 1/2.

Chaumont. (Ecole laïque). — M. Charles, instituteur. — Cahiers par l'élève Magnac, du 16 janvier 1877 au 10 avril 1877. Devoirs révélant un travail sérieux et des progrès visibles du commencement à la fin. Il faudrait plus de devoirs appropriés aux besoins de la localité. Lacunes diverses. Trop d'exercices écrits pour le développement de certains devoirs de français. — Note 7 1/2. (A produit en outre des cahiers nouveaux notés 8.)

Bourmont. — M. Salmon, instituteur. — Un volume. Bon travail ordinaire, où la sincérité remplace le trompe l'œil. — Note 7 1/2.

Noncourt. — M. Brigand, instituteur. — Cahier de l'élève Jules Chaise. Devoirs très-pratiques, bien corrigés. Indications pures et simples des leçons d'histoire. — Note 7 1/2.

Vecqueville. — M. Beaudoin, instituteur. — Elève Hanin, 14 ans. Bon programme. Style très-étudié. Indication très-complète des exercices. Quelques fautes de détail. — Note 7 1/2.

MENTION HONORABLE.

Laferté-sur-Aube. — M. Andrieux, instituteur. — Cahier d'un seul élève, Jully, 13 ans, du 20 janvier 1877 au 28 mars 1877. Devoirs intéressants, ne portant pas assez de traces de corrections. Dessins très-bien exécutés pour représenter les objets dont il est question dans les devoirs (on en a abusé), ce cahier semble ne pas présenter la marche de l'école; c'est plutôt un spécimen de ce que l'élève sait faire. Pas d'histoire, trop de dictées, pas assez de calculs pratiques. — Note 7.

Varennes. — M. Poulet, instituteur. — Bons exercices, mais un peu monotones et manquant de variété. Pas assez de gradation. Pas de style, sauf à la fin du cahier. Devoirs paraissant faits en dehors des classes. Style paraissant reproduire un travail corrigé. Pas de nom d'élève. — Note 7.

Laferté-sur-Amance. — M. Notat, instituteur. — Pas assez de variété. Dessins faibles. Exécution bien ordinaire. — Note 7.

Doulaincourt. — M. Talmet, instituteur. — Elève Colliot, 13 ans 1/2. Enjolivements de mauvais goût. Manque de simplicité. Tout est superficiel, bizarre. — Note 7.

Hoéricourt. — M. Belgrand, instituteur. — Vague des indications. Pas assez d'exercices écrits dans une journée. Pas d'histoire écrite. Les applications immédiates ne se rattachent pas à la leçon. — Note 7.

Voisines. — M. Simon, instituteur, (actuellement à Courcelles-en-Montagne). — Elève Ormancey, 13 ans 1/2 (école mixte). Cahier courant. Problèmes très difficiles. Quelques solutions obscures. Devoirs trop longs. Trop pour chaque jour. Canevas de style trop développés. Quelques négligences d'orthographe. Cependant l'ensemble révèle du savoir faire pédagogique. — Note 7.

Montiérender. — M. Lepage, instituteur. — Deux cahiers d'élèves. Pas d'indication de l'âge. Programme complet et varié. Rares exercices de style dictés ou copiés au tableau noir. — Note 6

Pressigny. — M. Camus, instituteur. — Devoirs manquant un peu de variété. Un peu de géographie mais pas d'histoire de France. En outre, un cahier d'écriture qui est bon. — Note 6 3/4.

2ᵉ Série. — Cahiers non envoyés à Paris.

MÉDAILLE D'ARGENT. (Petit module).

Melay. — M. Morez instituteur. — 4 cahiers de la 1ʳᵉ classe, par des élèves de 9 à 14 ans. 1 cahier de la 2ᵐᵉ classe par un élève de 7 ans, du 2 juin 1879 au 9 juillet 1879. Travail très bon. Plan bien conçu. Exercices bien exécutés, bien contrôlés. Deux bons cahiers de géographie du département : Détails remarquables. — Note 8 3/4.

Orges. — M. Choquard, instituteur. — Cahiers-journaux de 3 élèves, dont deux de 15 ans, l'autre de 11 ans. Devoirs courts et bien gradués. Travail sérieux. — Note 8 1/4.

Mareilles. — M. Massenet, instituteur, (école mixte). Deux élèves 13 ans, 15 ans. Travail très soigné. Devoirs peut-être un peu longs, mais indiquant un niveau d'enseignement très élevé. — Note 8 1/4.

MÉDAILLE DE BRONZE.

Aprey. — M. Dassigy, instituteur. — 9 cahiers du cours moyen par deux enfants de 10 ans. Beaucoup de bon. Excellente méthode de correction. Bons sujets de style et de dictée. Vu l'âge des enfants, les résultats sont très satisfaisants. Note 8.

Chaumont. — Terlet, frère Bernard de Jésus. Cahiers-journaux de cinq élèves. Beaucoup d'ordre. Travail généralement bien soigné. Cahiers de mise au net en rapport. — Note 8.

Saint-Dizier (La ville). — Sarrazin, frère Jean-de-Dieu. 12 cahiers de devoirs, 12 élèves de 13 à 15 ans. Bon choix de devoirs. Traces de corrections du maître. Exercices élémentaires d'allemand. — Note 8.

Rolampont. — M. Leseur, instituteur. 4 cahiers-journaux, dont 1 par un élève de 18 ans. Exercices bien choisis, mais pas de traces de corrections du maître. Note 7 1/2.

Mennouveaux. — M. Faipoux, instituteur, (école mixte). — Un cahier du 20 juin au 4 juillet 1879, par 4 garçons et 2 filles de 9 à 13 ans. Ecole bien représentée, ensemble satisfaisant. — Note 7 1/2.

Annonville. — M. Robert, instituteur. — Deux cahiers d'un même élève, formant l'année scolaire 1878-1879. Ensemble très satisfaisant. Un peu de disproportion dans les devoirs de certains jours. — Note 7 1/2.

Guindrecourt-aux-Ormes. — M. Gérard, instituteur. — (Petite école mixte). Un cahier d'un élève de 14 ans, du 13 mai 1879 au 23 juillet 1879. Bon choix de devoirs, notamment en calcul et en système métrique. Problèmes généralement puisés dans les données des faits locaux et journaliers. — Note 7 1/2.

Mandres. — M. Esmart, instituteur. — Les trois cours sont représentés chacun par un cahier-journal et un cahier d'écriture. Travail indiquant bien la marche de l'école. — Note 7 1/4.

MENTION HONORABLE.

Marault. — M. Michel, instituteur. — Un cahier d'élève de 13 ans, du 20 mai 1879 au 5 août 1879. Bon cahier d'ordre moyen, présentant un ensemble satisfaisant. A aussi un cahier de l'Exposition universelle. — Note 7.

Cuves. — M. Royer, instituteur. — (Ecole mixte). 1 cahier journal d'un élève de 11 ans, du 23 juin au 7 août 1879. Travail assez bon. Ecriture imparfaite. Dessins un peu prodigués et peu réussis. Bien pour l'âge de l'élève. — Note 7.

Vicq. — M. Renard, instituteur. — 3 cahiers de 3 élèves, représentant le travail d'une semaine. Exécution remarquable. Choix des exercices laisse à désirer. — Note 7.

Perrogney. — M. Yenveux, instituteur. — Cahiers bien tenus. Exécution matérielle très bonne. Mais le fond laisse à désirer. L'action du maître n'apparaît pas assez souvent. — Note 7.

ECOLES SPÉCIALES DE FILLES.

MÉDAILLE D'ARGENT. (Petit module.)

Ageville. — Mme Paturel, institutrice. — 4 cahiers, du 5 mai au 9 juin 1879, par une seule élève. Paturel 14 ans. Devoirs bien choisis, bien exécutés, bien contrôlés.

MÉDAILLE DE BRONZE.

Leffonds. — Mlle Maillot, institutrice. — Un cahier du 16 juin 1879 au 24 du même mois par une élève du 2me cours. Un autre cahier de même date, par une élève du 3me cours. Travail bien ordonné, bien soigné. Les corrections auraient pu être plus complètes.

MENTION HONORABLE.

Fayl-Billot. — Mme Yard, sœur Marie-Hippolyte. — Nombreux cahiers. Beaucoup sont de 1877. Pas de noms d'élèves, ni d'indications d'âge, sur la plupart de ces cahiers. Ceux qui portent des noms n'ont pas de dates. Impossible de rapprocher les devoirs d'une même journée. Cependant les devoirs indiquent un niveau d'enseignement satisfaisant.

Châteauvillain. — Pensionnat des sœurs. — Un fort volume, devoirs de l'année scolaire 1878-1879 par une seule élève, Juliette Redouté. Paraît être une mise au net en dehors des classes. Devoirs ne portant aucune trace de corrections, et à peu près sans fautes. Dessins inutiles visant à l'effet (notamment le dessin d'une reprise, couture).

Le Secrétaire-Rapporteur,   *Le Président de la 3e section.*
de la 1re Sous-Commission.

PLATEAU.   **FLAMARION.**

2e SOUS-COMMISSION.

Cartes et dessins géographiques. — La deuxième Sous-Commission a l'honneur de transmettre au Comité central de l'Exposition, les notes méritées par les auteurs de cartes ou de dessins géographiques.

Elle croit devoir faire précéder la liste de ces notes de quelques observations sur les motifs qui les lui ont fait donner, et sur l'ensemble de l'Exposition.

Elle déclare tout d'abord que les progrès réalisés dans l'enseignement de la géographie ont été on ne peut plus satisfaisants. Cette science, enseignée déjà très sérieusement depuis une dizaine d'années, est mise par des maîtres intelligents, à la portée de tous les esprits. Désormais, les élèves de l'école primaire sauront la carte de leur département et de la France, comme ils savent lire et écrire. L'immense majorité des cartes et dessins que la Commission a eu à examiner, témoignent de qualités sérieuses. On n'a pas pour ainsi dire à remarquer de travail sans valeur; et le grand nombre des œuvres tout-à-fait bonnes, ou originales ou estimables, n'a pas laissé que d'embarrasser pour le classement.

Un défaut a frappé la Commission cependant dans un grand nombre de cartes ; leurs auteurs recherchent trop l'apparence, l'agrément des couleurs, les enjolivements ; ils oublient qu'une carte n'est pas un tableau fait exclusivement pour plaire, mais un travail sérieux qui doit avant tout instruire. Que font la profusion de contours jaunes, bleus et verts, les ombres savamment prolongées pour figurer la mer et les fleuves, si les montagnes d'où viennent ces fleuves ne sont point indiquées, si le relief du sol ne ressort pas, si un département montagneux comme la Haute-Marne est représenté comme une vaste plaine, qui ne diffère en rien de la Sologne et de la Beauce. C'est à regret que la Commission a dû éliminer de la liste des récompenses les œuvres de maîtres et d'élèves qui ont coûté beaucoup de temps et d'efforts, nécessité une grande habileté de main ou du moins une grande patience. Il lui semblait que les heures employées à une copie, à plus forte raison à un calque heureux, auraient pu être mieux employées.

Ce défaut condamnable chez les maîtres, l'est à plus forte raison chez les élèves dont le temps est mesuré. Il n'est pas prouvé que celui qui aura fait le dessin le plus agréable à l'œil soit capable d'indiquer nettement la situation des villes dont il a mis les noms, le tracé des cours d'eau dont il aura ombré les sinuosités; il aura pu exercer machinalement son œil, non son intelligence. Voici pourquoi la Commission n'a pas hésité à donner un *bien* à des cartes parfois grossières, mais exactes, tracées rapidement par des enfants de neuf à onze ans. Dans un espace de temps déterminé, il était évident qu'ils avaient exécuté ce qu'ils savaient, sans nul soupçon d'aide.

Les défectuosités de beaucoup de dessins peuvent être attribuées au mauvais choix des modèles. La carte géologique de M. Barotte est trop compliquée pour des enfants. Les autres cartes ne se préoccupent guère que d'indiquer les routes, les chemins de fer, les villes et villages; encore une fois, cela ne suffit pas.

L'absence d'originalité toute naturelle chez un élève, l'est moins chez un maître. Il ne doit pas copier bénévolement ce qu'un autre a fait avant lui, mais élargir les données antérieures, les compléter, les présenter sous une forme claire et nette. Ceux qui ont paru avoir ce mérite ont été cités au premier rang. L'instituteur qui possède à fond la géographie ancienne et moderne de sa commune et de son canton, qui en éclaircit, le crayon à la main, les points obscurs, est supérieur à celui qui reproduit d'après des atlas médiocres un croquis bien soigné de l'Asie et de l'Australie.

Après la géographie physique sur laquelle on ne saurait trop insister, et la géographie politique qui comprend les voies de communication, vient ce qu'on pourrait appeler la géographie géologique, si importante au point de vue de l'agriculture et des travaux publics.

On a tenu grand compte à ceux qui s'en étaient occupés, des efforts qu'ils avaient faits pour la mettre à la portée de tous. Il en a été de même de l'étude des voies romaines, si nombreuses autrefois dans notre pays. Ce n'est pas un sujet de pure érudition, car elle nécessite la connaissance complète de la géographie actuelle, du pays et de ses routes modernes.

Les appréciations que la Commission a dû faire auraient été mieux motivées et plus sûres pour ce qui concerne les élèves, s'ils avaient été obligés de retracer au tableau les croquis exécutés sur le papier, si on avait pu s'assurer exactement de la part qui leur revenait dans la confection de leur dessin. Tant que cette précaution longue et minutieuse mais indispensable n'aura pas été prise, l'appréciation exacte de leur mérite sera bien difficile et la fraude impossible à déjouer.

Telles sont les observations que la deuxième Sous-Commission de la seconde section a cru devoir soumettre au Comité central. Elle est heureuse d'avoir à constater les résultats accomplis qui sont avantageux. Elle ne cite pas de noms propres, de crainte d'exciter des jalousies, ou de provoquer des regrets. Elle avertit par la critique ceux qui ont moins bien réussi, pouvant facilement corriger ce qui en eux est moins un défaut que l'excès d'une qualité. Les autres tiendront à honneur de conserver le rang qu'ils ont acquis. Tous concourront à l'avancement d'une science indispensable à tous les Français.

La Commission a arrêté, ainsi qu'il suit, la liste de mérite des instituteurs et des institutrices qui lui paraissent dignes d'obtenir les récompenses indiquées ci-après :

INSTITUTEURS.

Médaille de vermeil :

M. Guillemin, à Foulain.

Médaille d'argent (grand module) :

MM. André, à Arc-en-Barrois.
    Brigant, à Noncourt.
    Demimuid, à Langres.
MM. Demimuid à Saint-Urbain.
    Gelin, à Chalvraines

Médaille d'argent (petit module) :

M. Mariotte, à Valdelancourt.

Médaille de bronze :

MM. Ducret, frère Voël, à Langres.
    Guillaume, à Créancey.
    Poullet, à Varennes.
MM. Gauché, à Brachay.
    Dallemagne, à Richebourg.
    Robin, à Leffonds.

Mention honorable :

MM. Albert, à Montheries.
    Andrieux, à Laferté-sur-A.
    Bastaille, à Lénizeul.
    Bellavoine, à Nully.
    Drioux, à Andelot.
    Ferrand, à Clinchamp.
    Géry, à Cirfontaines-en-A.
    Grégoire, à Harréville.
    Hadet à Braux.
MM. Michel, à Marault.
    Perron, à Voisey.
    Piot, à Blaise.
    Rabiet, à Bourg-Sainte-M.
    Sarrazin, frère Jean-de-Dieu, à Saint-Dizier.
    Talmet, à Doulaincourt.
    Voillemin, à Prauthoy.

INSTITUTRICES.

Mention honorable :

Mlle Munier, inst. à Vecqueville.   Mlle Noël, inst.-lib., à Chaumont.

La Commission signale à l'attention du Comité central les élèves dont les noms suivent, lesquels se sont distingués dans l'exécution des cartes géographiques qui figuraient à l'Exposition :

GARÇONS :

Vigneron, de Leffonds.
Lallemand, de Nully.
Mathieu, Paul, de Villegusien.
Guillery, Réné, d'Harréville.
Létoffé, Cyprien, d'Harréville.
Nancey, de Braux.
Sauvage, de Voisey.

Ballé, de Voisey.
Gervillé, Isidore, de Bourg-Sainte-Marie.
Roussel, de Saint-Dizier, (école congréganiste.)
Masson, de Prauthoy.
Nicolas, de Prauthoy.

FILLES :

Geuillier Jeanne, de Chaumont.
Albert, Marie, de Montheries.

Henriot, Adèle, de Lénizeul.
Humblot, Emilie, de Vecqueville.

Le Secrétaire-Rapporteur
de la seconde Sous-Commission,

SORET.

Le Président de la 3e section,

FLAMARION.

3e SOUS-COMMISSION.

Dessins. — L'enseignement du dessin est à l'ordre du jour. Les Chambres et le Gouvernement font de communs efforts pour l'améliorer dans les écoles où il existe et pour l'introduire dans celles où il n'existe pas encore, notamment pour l'instituer dans les écoles primaires. C'est à cet effet qu'une Commission centrale, composée d'hommes compétents et des Inspecteurs généraux, vient d'être nommée pour élaborer un programme bien entendu, choisir une collection de bons modèles et diriger les maîtres dans la bonne voie.

C'était une nécessité. L'Exposition scolaire départementale prouve que, dans un trop petit nombre d'écoles, le dessin est rationellement, méthodiquement enseigné.

Cependant la Commission est unanime à reconnaître que tous les instituteurs et tous les élèves qui ont exposé des dessins méritent sinon une récompense, du moins les sympathiques remercîments du public qui s'intéresse à nos écoles. Si la plupart d'entre eux ont prouvé qu'ils cherchent en tâtonnant la bonne voie, si beaucoup se sont même fourvoyés en reproduisant des modèles d'un goût plus que douteux, ils ont tous fait preuve de bonne volonté toujours, d'habileté souvent, et quelquefois témoigné d'une patience qui rappelle celle des copistes d'autrefois ; il y a en effet des travaux qui témoignent d'un courage persévérant que l'on admirerait volontiers, si l'on n'avait présente à l'esprit l'immense perte de temps qu'ils ont nécessitée.

Tout cela prouve que nos maîtres n'attendent qu'une sage direction pour faire bien, pour faire très bien. L'administration ne manquera pas de la leur donner.

La Commission pense que le dessin des objets réels, soit à main levée, soit à l'aide des instruments spéciaux, devrait partout remplacer la copie servile de ces modèles futiles ou insignifiants, tels que ces arbres généalogiques, ces feuilles d'images, ces façades enluminées, vrais trompe-l'œil, qui ne font qu'éveiller la vanité des parents et celle des enfants.

Le dessin doit avoir pour but de donner à l'élève la science et l'intelligence de la représentation des objets ordinaires, tout en lui faisant acquérir la justesse et la sûreté du coup d'œil, l'habileté de la main, l'amour de la symétrie et le bon goût en toutes choses. Cette science doit être mise à la portée de tous les enfants ; puis, si parmi eux quelque talent se révèle dans un genre particulier, le maître saura alors le soutenir, le développer par une culture spéciale. Ainsi, ne deviendraient-ils pas de bons graveurs, ces jeunes artistes qui ont exposé de si jolis dessins de plantes, d'insectes, d'oiseaux, dans lesquels la Commission a constaté une netteté et un fini remarquables ?

La Commission n'a pas eu à s'occuper des dessins fournis par le lycée, les collèges de Langres et de Wassy, l'école normale et le cours normal de Chaumont, ces objets ayant été déclarés hors concours par le Comité central ; son rôle s'est donc borné à l'examen, à la comparaison et au classement des dessins fournis par les écoles primaires proprement dites. Elle croit devoir pourtant réclamer de tout le public et de l'administration qui a présidé à l'Exposition, des remercîments pour les professeurs et pour les élèves de ces divers établissements ; car les travaux exposés par eux ont été non-seulement un des ornements de la salle, mais encore un bon exemple mis sous les yeux des instituteurs pour la méthode, le bon goût et la bonne exécution.

Vingt-sept écoles de chacun des arrondissements de Langres et de Chaumont et vingt-cinq écoles de celui de Wassy, en tout soixante-dix-neuf écoles primaires ont exposé des dessins. La Commission aurait désiré en voir un bien plus grand nombre prendre part au concours.

Et encore la majeure partie de ces écoles n'ont envoyé que peu, trop peu de travaux. Il ne s'agissait pas, en effet, d'exposer une ou deux feuilles, montrant le précoce talent de telle ou telle individualité, mais bien des collections de dessins, des cahiers d'élèves, indiquant la marche et l'état de l'enseignement du dessin dans l'école. Cette considération a très sérieusement influé sur le classement fait par la Commission, au point qu'elle n'a pas cru devoir mentionner, pour les récompenses, certaines écoles qui ne présentaient qu'un ou deux dessins, quand ces feuilles n'étaient pas d'un mérite remarquable. Quelques écoles libres seulement ont exposé des dessins.

A peine deux ou trois écoles de filles ont pris part à l'Exposition pour cette matière de l'enseignement.

La Commission a constaté que le dessin d'imitation porte bien moins sur les éléments de la figure que sur la copie (au point de vue agricole surtout) des plantes, des insectes et des oiseaux : genre particulier où excellent certains maîtres et leurs élèves. Le dessin *d'ornement* proprement dit est à peine représenté ; c'est une lacune bien regrettable pour un genre d'une application commune à diverses professions du pays.

Le dessin *linéaire*, surtout la topographie, est abondant, mais en général peu intéressant ; il y a trop, beaucoup trop de copies que le dessinateur exécute sans y rien comprendre ; on trouve même, dans un même dessin, des mélanges inconscients de projection et de perspective. Ici surtout les Instituteurs ont besoin de se rappeler l'enseignement de l'Ecole normale et de suivre une méthode simple, pratique et intelligente.

Après un examen minutieux, et un classement raisonné, la Commission propose la liste de mérite suivante des maîtres à récompenser :

DESSIN D'IMITATION.

Médaille d'argent (grand module).

MM. Carlin, à Laneuville-à-R.
    Leclère, à Flammerécourt.
    Maîtrot, à Wassy.
    Guillemin, à Foulain.

MM. Carlin, à Louvemont.
    Vougny, à Châteauvillain.
    Beaudoin, à Vecqueville.

Médaille d'argent (petit module).

MM. Petit, à Nogent-le-Haut.
    Vendangeot, à Sarrey.
Mlle Noël, à Chaumont.

M. Guillemin, à Vesaignes-s-M.
Mme Molandre (sœur Caroline), à Doulaincourt.

Médaille de bronze.

M. Lepage, père, à Montiérender.

Mention honorable.

MM. Lesourd, à Saint-Dizier.   MM. Notat, à Laferté-sur-Am.
   Lemorge, à Longeau.   Leseur, à Rolampont.
   Favret, à Humbécourt.   Yeuveux, à Perrogney.

DESSIN LINÉAIRE ET D'ORNEMENT.

Médaille d'argent (grand module).

MM. Hanin, à Joinville.   MM. Guillemin, à Foulain.
   Parison, à Bourbonne.   Bertrand, à Choignes.

Médaille d'argent (petit module).

MM. Terlet frère, à Chaumont. MM. Ducret, frère, à Langres.
   Maitrot, à Wassy.   Durand, à Fayl-Billot.

Médaille de bronze.

MM. Salmon, à Bourmont.   MM. Delaumone, à Frampas.
   Rertrand, à Rivières-les-F.   Conel, frère, à Neuilly-l'E.
   Vendangeot, à Sarrey: Cothenet, à Chatoillenot.
   Demimuid, à St-Urbain.   Morez, à Melay.
   Legros, à Aubepierre.   Mme Yard, (sœur Marie-Hippo-
   Voillemin, à Prauthoy.   lyte), à Fayl-Billot.

Prix en livres.

M. Collin, employé de l'inspection académique, élève de l'école de dessin de la ville de Chaumont.

STATUAIRE.

La Commission avait à examiner aussi les deux bustes exposés par des élèves de l'atelier Ragot, sculpteur à Chaumont ; elle estime que ces échantillons, bien exécutés, méritent une *récompense exceptionnelle*.

La Commission propose donc pour des récompenses quarante noms, dont dix-neuf pour le dessin d'imitation, vingt pour le dessin linéaire et d'ornement et un pour la statuaire.

Ce nombre de quarante ne paraîtra pas exagéré au Comité central, s'il veut bien considérer que de toutes les branches de l'enseignement, le dessin était le plus largement représenté.

<table>
<tr><td>*Le Secrétaire-Rapporteur*
de la 3e Sous-Commission,
GOBIN J.-B.</td><td>*Le Président*
de la 3e section,
FLAMARION.</td></tr>
</table>

4e SOUS-COMMISSION.

Livres classiques. — Les ouvrages sur lesquels ont porté les travaux de la quatrième Sous-Commission de la troisième section, peuvent se répartir en deux grandes catégories : 1° les méthodes ou livres qui servent à donner les premiers éléments de la lecture, de l'écriture, de la langue française et du calcul, éléments qui ne constituent en quelque sorte que des aptitudes extérieures ; les ouvrages qui servent, une fois ces premières notions acquises par les élèves, à étendre la sphère de leurs connaissances, à développer leur intelligence et à élever leur âme.

Les ouvrages de la première catégorie ont donné lieu à peu d'observations : ils sont encore à peu près ce qu'ils ont été, il y a vingt ou trente ans. Il suffit, d'ailleurs, d'un coup d'œil jeté sur ces méthodes, qui exigent une rigoureuse gradation, pour voir qu'il y a quelque chose à faire si l'on veut améliorer la situation à cet égard.

Les ouvrages de la deuxième catégorie se classent ainsi :
1° Instruction religieuse ;
2° Lecture courante ;
3° Grammaire ;
4° Arithmétique et géométrie ;
5° Histoire et géographie.

En considérant les choses de plus près, un des membres de la Commission est amené à se demander si les livres de lecture et de grammaire ne pourraient pas se placer avec avantage sous cette seule rubrique : *Livres d'instruction générale et de grammaire* (connaissances positives nécessaires, utiles à l'homme, au

citoyen. — Grammaire, dans ce qu'elle a de plus fondamental).
On aurait ainsi :

1° Livres d'instruction religieuse ;
2° Livres d'instruction générale de grammaire ;
3° Livres d'arithmétique et de géométrie ;
4° Livres d'histoire et de géographie.

Cette classification semble plus propre à indiquer la condition fondamentale du livre spécial de lecture à l'école primaire et le rôle qu'a à jouer dans l'enseignement primaire la grammaire considérée comme science ou recueil de définitions et de règles. Elle se fonde, d'ailleurs, sur cette considération : 1° que, dans le principe, l'enseignement de la langue est un art dont les progrès sont liés aux progrès de l'esprit dans l'intelligence des choses, ou que les premières leçons de langue sont de leur nature des leçons essentiellement concrètes ; 2° que la pratique d'une langue est surtout une affaire d'imitation et d'exercice ; 3° que, dans cette pratique, le sentiment, l'usage de la langue guide plus promptement et plus sûrement que toutes les règles.

Dans tous les cas, cette remarque n'est pas inutile pour l'appréciation des observations suivantes relatives aux livres de lecture et de grammaire.

I. — LIVRES DE LECTURE COURANTE.

Parmi les livres qui paraissent le mieux réunir les conditions générales d'un bon livre de lecture et d'étude, se distinguent :

1° LE TOUR DE LA FRANCE PAR DEUX ENFANTS. — DEVOIR ET PATRIE, PAR G. BRUNO. — Il est accompagné de 200 gravures instructives pour leçons de choses. En racontant le voyage courageux de deux jeunes Lorrains à travers la France entière, l'auteur montre comment chaque membre de la mère commune arrive à tirer parti des richesses de sa contrée. En même temps, il place sous les yeux de l'enfant tous les devoirs en exemples. Initiés peu à peu à la morale et à la vie pratique, les élèves reçoivent des notions usuelles sur l'industrie, sur l'agriculture, sur l'hygiène ; sur les principales sciences et leurs applications. Ils apprennent aussi les vies les plus intéressantes des grands hommes.

Sous chaque gravure se trouve une notice explicative qui est l'exquisse d'une leçon de choses, à laquelle les maîtres donnent eux-mêmes les développements nécessaires.

Sous tous les rapports, pour la forme comme pour le fond, ce livre paraît bien approprié à la situation actuelle de nos écoles.

2° FRANCINET. — NOTIONS ÉLÉMENTAIRES SUR LA MORALE, L'INDUSTRIE, LE COMMERCE ET L'AGRICULTURE. — *Ouvrage couronné par l'Académie française.* — Ce livre est un résumé assez complet des connaissances aujourd'hui indispensables à tous sur la morale, l'industrie, le commerce, l'agriculture, les beaux-arts et les arts utiles, les lois et les institutions de notre pays. Pour des enfants, il a peut-être moins d'attrait que le précédent, parce qu'il ne présente pas ces institutions sous la forme de récits de voyage. Dans son ensemble, il présente un excellent cours d'économie sociale et mérite au plus haut point, à ce titre, d'être recommandé aux instituteurs des villes et des campagnes.

La Commission est peu favorable aux ouvrages suivants :

1° LECTURES COURANTES DES ÉCOLIERS FRANÇAIS. — FAMILLE, MAISON, VILLAGE, NOTRE PAYS. — En dehors de quelques chapitres, ce livre ne présente guère que des sujets de leçons de choses qui, traités de vive voix par le maître, seraient sans doute plus profitables et mieux placés dans la *leçon collective* de la fin de la classe du soir, que dans un livre de lecture et d'étude. Recommandé comme livre d'une lecture simple et facile par un des membres, il est de la part d'un autre membre l'objet de critiques assez vives. « On ne tiendra donc plus compte, fait-il observer, de l'imagination ou de la sensibilité des enfants ; leurs petites aptitudes littéraires seront donc écrasées sous les gros mots de la science la plus vulgaire. (*Voir page 51 et suivantes, Maison de Mathurin. Voir le récit de Guillaume-Tel, si pathétique dans les auteurs allemands et si plat dans le livre qui nous occupe*). A l'occasion du chapitre sur les Boissons, page 109, il se demande si le bon sens, pour ne pas dire l'instinct, ne fait pas connaître aux enfants tout ce que l'on se donne la peine de leur enseigner dans trois pages inutiles et vulgaires ; et ce que pourront devenir des enfants nourris par de pareilles lectures. Le chapitre des Oiseaux, ajoute-t-il, qui devrait être joli comme eux, est écrit dans un genre grossier ou vulgaire et se résume en ces mots : respecter les oiseaux, parce qu'ils mangent les chenilles. »

De pareils livres ne sont certainement pas faits, ni pour rendre intéressants et sérieux les exercices de lecture courante dans nos écoles, ni pour propager le goût de la lecture dans nos campagnes.

2° CHOIX MÉTHODIQUE DE LECTURES PAR UNE SOCIÉTÉ D'INSPECTEURS PRIMAIRES. — Le membre qui a examiné ce livre fait remarquer que les lectures en prose ont en général un caractère de vulgarité qui fait croire à des articles de journaux. Ce jugement nous paraît un peu sévère.

II. — LIVRES DE GRAMMAIRE.

Les nombreux et volumineux traités de grammaire qui ont figuré à l'Exposition tendent à prouver que le véritable caractère que doit avoir l'enseignement de la langue à l'école primaire n'est pas encore généralement connu. Il est hors de doute que, dans le domaine de la lecture, de l'orthographe et de la composition, quelques notions de grammaire sont nécessaires, pour faciliter et abréger les explications. Mais il serait regrettable que la grammaire continuât d'être considérée en quelque sorte comme l'âme de l'étude de la langue elle-même ; car cette erreur ne pourrait qu'en compromettre indéfiniment les progrès en ce qui concerne la composition.

Pour exercer l'enfant à penser, le familiariser avec l'intelligence et la pratique de la langue, le livre de lecture, sans offrir les mêmes inconvénients, présente plus de ressources que la meilleure grammaire. Un texte lu et relu, qui est, de la part des élèves, sous la direction du maître, l'objet d'un compte-rendu oral, qui est analysé au point de vue des pensées et des idées, qui est l'objet de quelques interrogations relatives à l'orthographe, compte-rendu qui est suivi d'un exercice écrit, constitue, pour la langue écrite, comme pour la langue parlée, une étude infiniment plus agréable et plus utile que de longues leçons de grammaire étudiées le plus souvent machinalement.

Avec un enseignement ainsi entendu, la grammaire se réduirait facilement, comme manuel de l'élève, à ce qu'elle doit être à l'école primaire, à un simple abrégé destiné non pas à remplacer le maître, mais à ménager ses forces.

La troisième année de grammaire, par Larive et Fleury, est un volume d'environ trois cent cinquante pages. Le membre qui l'a examiné, apprécie ainsi l'ouvrage : « Livre plein d'inexactitudes et d'inutilités, — mal rédigé en ce qui concerne la troisième partie. Beaucoup de bonnes choses dans la première partie : peut-être un peu trop de science pour des enfants. Cette grammaire ne semble pas convenir à une école ordinaire ; dans tous les cas, elle a besoin d'être entre les mains d'un maître intelligent et capable de la rectifier ou de la simplifier.

III. — Arithmétique et système métrique.

Cette branche d'enseignement présente un assez grand nombre de bons traités pour les deuxième et troisième cours. La deuxième année d'Arithmétique, par P. Leyssenne, est l'objet du meilleur témoignage, qui se résume ainsi : « Excellent ouvrage pour les écoles primaires, surtout pour la division supérieure. — Très bon pour la préparation au certificat d'études. — Peut être mis au premier rang des livres du même genre, surtout à cause des notions de géométrie pratique qui le terminent.

IV. — Histoire et géographie.

Les livres d'histoire et de géographie ont subi, pendant ces dernières années, d'heureuses transformations pour le plan et la méthode. Ces enseignements commencent à se populariser : plusieurs ouvrages exposés ont permis de le constater.

La première année d'Histoire de France, avec récits (gravures, cartes, questionnaires, devoirs et lexique explicatif des mots difficiles), par Ernest Lavisse. — Ce livre est un de ceux qui sont le plus en vogue ; cependant le membre qui l'a examiné de plus près, lui reproche de sacrifier la dernière partie de notre histoire à la première. Il donne plus de détails sur l'épisode de Rolland à Roncevaux que sur les campagnes les plus intéressantes de la République et de l'Empire, ou sur les questions si intéressantes agitées pendant la Restauration et Louis-Philippe. Un autre défaut consiste à faire beaucoup trop de sentiment à propos de notre Révolution. Peu de chose sur la Convention, mais de longs détails sur la manière dont Louis XVI et Marie-Antoinette vivaient au Temple. Il semble que, sans rien retrancher à l'intérêt que peuvent exciter les victimes de nos discordes civiles, il est dangereux d'insister spécialement sur les évènements malheureux de notre Révolution, en abrégeant le tableau de ses gloires et de ses institutions. On regrette d'avoir à adresser ces critiques capitales à un ouvrage dont le plan, sans être neuf, pouvait donner de bons résultats.

La première année de Géographie (Cartes, Textes, Devoirs), par P. Foncin. — L'ouvrage porte, sur la couverture, l'indication de la marche à suivre dans l'enseignement de la géographie et, en regard des cartes, outre les textes à réciter, un grand nombre de questions formant 130 devoirs. La méthode est simple et pratique. Elle est d'ailleurs complétée, dans le livre du maître, par des conseils sur le tracé géographique, par diverses notices, par des lectures sur l'aspect général, les productions, l'industrie et le commerce de la France, etc. C'est un livre utile qui se recommande par lui-même et qui a donné naissance à d'autres ouvrages du même genre.

V. — Résumé et conclusion.

Les libraires qui ont exposé le plus d'ouvrages de valeur sont celles de MM. Hachette, Eugène Belin, Ch. Delagrave et Armand Collin. Ce sont elles aussi qui s'efforcent le plus de donner satisfaction aux besoins de l'enseignement primaire par leurs publications périodiques.

En résumé, l'Exposition scolaire départementale de Chaumont a permis de constater une fois de plus les progrès réalisés par la librairie dans le domaine de l'Instruction primaire pendant ces dernières années. La Commission est heureuse de penser que ses observations pourront servir à en amener de nouveaux : c'est la bonne éducation donnée aux enfants dans les écoles qui est, à ses yeux, une des plus sûres garanties de la paix et du bonheur de la France dans l'avenir.

Le Secrétaire-Rapporteur   *Le Président*
de la 4° Sous-Commission,   de la 3° section,
WELTER.   FLAMARION.

5° SOUS-COMMISSION.

Agriculture et horticulture. — L'enseignement de l'agriculture a été reconnu nécessaire et le législateur vient, par une loi récente, d'en poser les bases et d'en organiser le fonctionnement. Déjà cet enseignement pourrait être prescrit dans le département, et nous nous adresserons, pour la mise en vigueur de la législation nouvelle, aux autorités supérieures dont le concours est acquis à tout perfectionnement dans ses études ; mais jusqu'à présent l'enseignement de l'agriculture, purement facultatif, est dû à l'initiative et au dévouement de nos instituteurs. Aussi la Sous-Commission chargée d'examiner, à ce point de vue, les travaux de l'exposition scolaire, a-t-elle été heureuse du grand nombre des concurrents, quoique sa tâche ait été d'autant plus laborieuse et délicate. L'enseignement de l'agriculture, en effet, a été entrepris dans des intentions toujours excellentes, mais souvent il s'est ressenti du défaut de direction, souvent il nous a semblé que la même somme de travail, plus pratiquement employée, aurait pu produire des résultats plus fructueux.

Cette part faite à la critique, la Commission a le devoir de témoigner sa satisfaction sur un ensemble de travaux si considérables et si variés. Son rapporteur, appelé par ses occupations personnelles à examiner des cahiers d'instituteurs fournis par différentes régions de la France, peut ajouter, avec un légitime orgueil, que la Haute-Marne lui paraît, jusqu'à présent, tenir le premier rang sous le rapport de l'enseignement de l'agriculture.

La 5me Sous-Commission a dû diviser son travail. M. le professeur Lachèze a bien voulu se charger d'un rapport spécial sur l'enseignement horticole, puis la commission a réuni et combiné les notes diverses recueillies pour indiquer les concurrents qu'elle propose de récompenser. Il lui en a coûté de ne pas donner à sa liste de plus amples développements ; aussi espère-t-elle que les noms inscrits par elle, après un scrupuleux examen, figureront dans la désignation définitive des récompenses à décerner à la suite de cette remarquable exposition scolaire.

Parmi les instituteurs qui se sont adonnés à l'enseignement agricole et, à leur tête, la Commission doit placer M. E. Demimuid, instituteur à Langres, et M. Charles Demimuid, instituteur à Saint-Urbain. Depuis longtemps sur la brèche, soldats infatigables de l'enseignement de l'agriculture, les frères Demimuid ont su la faire largement figurer sur leur programme. Des leçons, des dictées, des promenades, des travaux pratiques, ont valu à MM. Demimuid les plus hautes récompenses, maintenues sous la forme de rappel de médaille d'or par la Sous-Commission, heureuse de renouveler ainsi les glorieux souvenirs d'un enseignement agricole hors ligne et hors concours.

M. Jeannel, instituteur à Saulxures, a établi l'enseignement agricole sur de larges bases; il en a développé la méthode dans un mémoire intéressant. M. Jeannel met ses leçons en application dans son jardin et dans un champ d'école. Il peut se glorifier d'avoir introduit la culture de certaines plantes et d'avoir propagé la construction des fosses à purin si utiles à toute exploitation agricole. Agriculteur distingué, M. Jeannel a été récompensé par la société insectologique de ses travaux, qu'il a résumés dans un volume apprécié. M. Jeannel est un propagateur de cette science des abeilles qui devrait être la distraction fructueuse de nos intelligentes ménagères. L'ouvrage de M. Jeannel a obtenu une médaille de bronze à l'exposition universelle; ses travaux lui ont valu une médaille d'argent de la société des agriculteurs de France. C'est un vétéran de l'enseignement agricole qu'il a professé dès le commencement de sa carrière. La Sous-Commission demande pour lui la *médaille d'or*.

M. Ronot, instituteur à Germaines, a donné des leçons d'agriculture presque quotidiennes alternées avec des notions d'arboriculture et de drainage. Les problèmes agricoles sont nombreux et bien choisis ; tous ces travaux portent l'empreinte d'un esprit sérieux et dénotent un instituteur des plus méritants. La Sous-Commission propose pour lui une *médaille de vermeil*.

M. Piot, instituteur à Sarcicourt, s'est placé à un point de vue pratique. Ses dictées concernent principalement la culture des jardins, les soins à donner aux graines et aux légumes, aux fruits et aux fleurs. Les jeunes filles aussi bien que les garçons peuvent profiter de cet enseignement dans lequel il n'a eu garde d'oublier l'agriculture, son occupation favorite pour laquelle il a reçu une médaille de bronze à l'exposition universelle. M. Piot professe l'agriculture depuis plus de vingt ans et la Sous-Commission demande qu'une *médaille de vermeil* récompense son intelligence et ses travaux.

M. Brigant, instituteur à Noncourt, a constitué dans sa commune une société protectrice des oiseaux, des insectes et des plantes utiles. Il donne à ses élèves des dictées agricoles simples et sérieuses. Il a pris pour base de son enseignement le catéchisme agricole, modeste ouvrage avec lequel l'instituteur n'a point à parcourir un champ bien vaste d'études agricoles, mais qui l'exempte au moins de s'aventurer dans des théories erronées ou discutables. Bientôt ce catéchisme complété et étendu sera pour les instituteurs un guide sûr ; il les initiera aux progrès agricoles dont les éléments doivent être connus et les méthodes propagées, mais avec toutes les précautions que commandent les circonstances particulières à chaque pays. La Sous-Commission aura à revenir sur les travaux de M. Brigant, relativement à la statistique, mais elle doit demander pour lui, dès maintenant, une *médaille d'argent (grand module)*.

Le travail de M. Bourgeois, instituteur à Clefmont, présente de rares qualités déjà signalées à la société d'agriculture de Chaumont, et récompensé par celle-ci. Une notice historique et une statistique agricole du canton de Clefmont précèdent les dictées d'agriculture et le programme de ces dernières est un des mieux ordonnés qu'on ait eu à parcourir. La Commission a remarqué les leçons consacrées à la partie morale de l'enseignement agricole, à la dignité de la vie rurale et de la profession d'agriculture ; aussi propose-t-elle qu'une *médaille d'argent (grand module)* soit décernée à M. Bourgeois.

M. Vougny, instituteur à Châteauvillain, dont les cahiers frappent d'abord le regard par les illustrations dont ils sont ornés, est un des instituteurs les plus remarquables; aussi est-ce à lui qu'il plaît à la Commission d'adresser son inoffensive critique sur les inconvénients pour l'enseignement agricole de ce véritable luxe d'images qu'on craint de voir développé au détriment des leçons, leçons excellentes du reste et dont les sujets gagneraient à être plus étendus. La Sous-Commission demande une *médaille d'argent* pour M. Vougny.

M. Bichat, instituteur à Puellemontier, a dirigé principalement ses travaux vers l'arboriculture et a fait, sous le titre de *Catéchisme arboricole*, un petit traité de cette science. La Commission a vu également une carte agricole du canton de Montiérender au milieu de cartes historiques qu'elle regrette de n'avoir mission d'apprécier. M. Bichat, lauréat des sociétés d'agriculture de Wassy et de la société des agriculteurs de France, le sera également, il y a lieu de l'espérer, de l'exposition scolaire, et la Sous-Commission propose pour lui un *médaille d'argent*.

Les cahiers de M. Yenveux décèlent un instituteur sérieux qui laisse moins de temps aux enjolivements des cahiers, afin de donner plus de solidité à son enseignement dans des leçons dont l'ensemble paraît à la Commission des plus satisfaisants, et mérite, à son avis, une *médaille d'argent*.

La même récompense est réclamée pour M. Belgrand, instituteur d'Hoéricourt, qui s'est occupé, dans son cours, d'agriculture, d'horticulture et d'insectologie. Ses dictées agricoles, choisies avec intelligence, ont paru à la Commission mériter cette distinction.

La Sous-Commission demande des *médailles de bronze* pour MM. Desloges, instituteur à Levécourt ; Leseur, instituteur à Rolampont ; Talmet, instituteur à Doulaincourt, dont les longs services et les leçons agricoles méritent d'être particulièrement signalés au Comité central, au point de vue de l'enseignement de l'agriculture.

Des *mentions honorables* paraissent dues aux instituteurs qui ont composé des herbiers de concert avec leurs élèves ; leur mémoire sera d'autant plus fidèle qu'elle a été fixée par la recherche des plantes. Dans cette partie de l'enseignement horticole, la Sous-Commission signale les noms de MM. Jeanniot, de Chantraines ; Gardiennet, d'Ormancey. Nous réclamons les mêmes mentions pour MM. Renard, de Millières ; Blanchard, de Guindrecourt-sur-Blaise ; Loiseau, de Juzennecourt ; Massenet, de Mareilles, et Viard, de Gourzon.

Après les instituteurs auxquels revient l'honneur de l'Exposition scolaire, il ne faut point oublier les élèves qui en ont rédigé les cahiers ; on aime surtout à y trouver le premier développement de l'imagination enfantine ou juvénile, l'éclosion de chrysalide, le premier coup d'aile vers les régions de la science ou de l'art. L'instruction primaire s'élève chaque jour, et si modeste que soit le terrain de l'enseignement agricole dévolu à la cinquième Sous-Commission, celle-ci le voit s'accroître, s'enrichir, se transformer dans le mouvement général du progrès. Il faut que, dans une juste mesure, les élèves d'hier, les jeunes agriculteurs de demain participent aux récompenses comme ils ont participé au travail. La Sous-Commission demande des *ouvrages scientifiques* pour les jeunes Deconde Henri et Hadet Jules, de Mareilles ; Valot, de Doulaincourt ; Royer, de Châteauvillain ; Emile Gagneux, de Gourzon.

Statistiques. — Rien ne paraît plus aride que la *statistique* et cependant il est peu de jours où nous ne soyons obligés de recourir à ses chiffres. Nous sommes heureux de les invoquer, s'ils nous sont favorables ; nous nous empressons de les contester s'ils nous sont contraires, et, en toute matière financière, administrative ou agricole, nous reconnaissons l'utilité de cette science. Aussi devons-nous remercier et récompenser ceux qui ne craignent pas d'en rechercher, classer et grouper les documents.

Au point de vue de nos constantes préoccupations, quoi de plus utile, par exemple, que la connaissance exacte des proportions dans lesquelles l'instruction primaire est répandue dans notre département ? Un excellent travail va répondre à cette curiosité légitime, c'est la statistique de l'Instruction primaire dressée par M. Ferrand, commis de l'Inspection académique. L'ensemble de ce travail se trouve résumé dans une carte dont les nuances diverses indiquent les divers degrés d'instruction. Nous savons ainsi que la Haute-Marne compte un conscrit illettré seulement sur cent : ce chiffre classe notre département parmi les premiers sous le rapport de l'instruction primaire.

L'arrondissement de Wassy est celui qui fournit le plus de conscrits illettrés et ce résultat est assurément singulier pour quiconque connaît ces populations intelligentes. Aussi hâtons-nous d'ajouter que les besoins de l'industrie amènent une population flottante plus soucieuse de son bien-être que de son instruction.

Cette carte, qui fait connaître le classement des cantons et des communes dans le département, est donc des plus utiles, et il serait à désirer que chaque instituteur en possédât une, afin que ceux dont les communes n'arrivent pas en rang favorable fussent pris d'une noble émulation.

La Commission pense que le travail de M. Ferrand, d'une nature toute spéciale, doit être aussi l'objet d'une *récompense exceptionnelle.*

La cinquième Sous-Commission a maintenant à examiner des

statistiques cantonales agricoles, dont la Société d'agriculture de Wassy a provoqué et encouragé le travail. Elle retrouve dans les instituteurs qui s'y sont livrés, de laborieux soldats de l'enseignement agricole qui ont été déjà proposés pour d'autres récompenses ; elle croit que ces récompenses peuvent se confondre quand la médaille d'or que ces travaux méritent a déjà été obtenue par d'autres travaux. Les statistiques agricoles de MM. Demimuid et Brigant, sont en effet des œuvres les plus complètes et les plus intéressantes qu'on ait eu à examiner, en ce qui concerne cette science toute de chiffres et qui porte si peu à l'imagination. Quelle éloquence cependant ont ces tableaux de dénombrement de la population qui la montrent, dans le canton de Poissons, décroissant depuis 1851 avec une régularité désastreuse : de 7,000 habitants que comptait le canton en 1851, il n'en reste plus que 6,400 en 1856, 5,000 en 1872 et 5,800 en 1876 ! S'il n'en est pas de même dans le canton de Doulaincourt, c'est que l'accroissement de la population industrielle vient compenser la diminution de la population agricole. La proportion moyenne des naissances dans le premier canton descend de quatre à trois par ménage et tend sans cesse à diminuer. Ces statistiques agricoles contiennent en même temps le dénombrement et la valeur moyenne des divers terrains, la semence et le rendement de chaque récolte par hectare, la population du bétail, toutes les notions indispensables aux cultivateurs, des notions orographiques, l'indication des procédés culturaux suivis et à suivre. La Commission voudrait voir ces intéressantes notices, non-seulement dans toutes les écoles (et elles n'y sont pas), mais même dans toutes les maisons ; il en est ainsi en Angleterre où des statistiques officielles sont vendues au prix de quelques *pences* et répandues à profusion.

Un tableau statistique de l'agriculture dans le canton de Juzennecourt condense presque toutes les notions qui se trouvent dans les brochures de MM. Demimuid et Brigant. M. Loiseau n'avait pas le délai que la Société de Wassy accorde à ses candidats, en même temps qu'elle leur fournit un dédommagement de leurs recherches et de leurs travaux ; aussi doit-on tenir compte du dévouement désintéressé de M. l'Instituteur de Juzennecourt pour lequel la Sous-Commission propose une *médaille d'argent* (grand module).

<table>
<tr><td>Le Secrétaire-Rapporteur
de la 5e Sous-Commission,
H. DE MONTROL.</td><td>Le Président
de la 3e section,
FLAMARION.</td></tr>
</table>

IVe SECTION. — Travaux personnels des instituteurs et des institutrices.

Cette section comprend des travaux pédagogiques et quelques monographies.

Les travaux pédagogiques se rapportent presque exclusivement à la tenue de l'école et à l'enseignement proprement dit. Ce sont principalement des tableaux de la distribution du travail et du temps, des mémoires sur les procédés à employer pour l'enseignement des diverses matières, telles que l'histoire, la géographie, le calcul et le système métrique. Il y a aussi quelques travaux relatifs à la calligraphie et à l'enseignement de la lecture.

Quelques modestes qu'ils soient, ces travaux amènent toujours quelque bon résultat. Quelquefois il arrive même qu'ils deviennent d'une utilité générale. C'est dans cette vue que la Commission propose pour une récompense ceux indiqués à la suite de ce rapport.

Parmi les monographies, il n'en est qu'une qui ait été jugée digne d'une *mention honorable*.

Le rapporteur croit être l'interprète de la Commission en exprimant le regret qu'aucun instituteur n'ait songé à retracer la vie intime du bon maître, ce qui constitue sa personnalité, etc. Ce n'est, en effet, pas la seule organisation extérieure de l'enseignement qui vivifie l'école ; c'est bien plus l'esprit qui préside à son fonctionnement. C'est l'esprit qui parle par la bouche, par les yeux, par le cœur du maître, qui fait naître et entretient la vie morale et intellectuelle chez les élèves.

Il est regrettable aussi qu'aucun de nos maîtres n'ait songé à jeter un regard sur la situation morale de telle ou telle commune les progrès qui s'y sont accomplis; à dépeindre la transformation qui est en voie de se produire dans telle ou telle école. L'histoire est une excellente institutrice et les maîtres de l'enfance ne sauraient trop se pénétrer de cette vérité, que l'école n'est pas seulement faite pour communiquer des connaissances, mais aussi pour élever les cœurs et familiariser avec les nobles sentiments.

Sous la réserve de ces observations, les membres du Jury de la quatrième section arrêtent la liste de mérite des instituteurs qui se sont distingués par leurs travaux particuliers, et demandent en faveur de ces maîtres les récompenses suivantes :

Médaille d'argent (grand module).

M. Depelasse, instituteur à Dommarien. — Calligraphie.

Médaille d'argent (petit module).

M. Renard, instituteur à Millières. — Tableau de l'emploi du temps et programme des matières. — Bon travail.

M. Debricon, instituteur à Briaucourt. — Questions de pédagogie. — Examen critique de l'Ecole de Michel Bréal. — Méthode intuitive. — Promenades. — Une leçon de géographie. — Idées justes, style simple.

M. Masson, instituteur à Soncourt. — Cours d'adultes. — Sujets bien choisis, très-variés ; bien expliqués.

Médaille de bronze.

M. Bruillon, instituteur à Forcey. — Solutions de problèmes. Très-bien.

Mention honorable.

M. Bourgeois, instituteur à Vroncourt. — Mémoire sur l'enseignement de l'histoire de France. — De bonnes choses.

M. Vougny, instituteur à Châteauvillain. — Méthodes et procédés en usage dans son école. — Travail consciencieux. — Méthode de lecture un peu confuse.

M. Heuret, instituteur à Bologne. — Mémoire sur les procédés d'enseignement des matières obligatoires.

M. Collas, instituteur à Valcourt. — Leçons sur le cubage et le poids des bois, au cours d'adultes.

M. Demimuid, instituteur à Langres. — Du rôle de la mémoire, etc.

M. Bulard, instituteur à Cirey. — Le château de Cirey : Plans, cartes. — Récit assez simple et intéressant.

M. Carlin, instituteur à Laneuville-à-Remy. — Tableau de l'emploi du temps et programme des matières.

Le Secrétaire-Rapporteur,   *Le Président de la 4e Section,*

WELTER.   L. DUPONNOIS.

Ve SECTION. — **Travaux à l'aiguille.**

La Commission de la 5e section de l'Exposition scolaire, chargée de l'examen des ouvrages à l'aiguille, s'est réunie le 29 octobre 1879 à la Préfecture.

Etaient présentes :

Mmes Carlier, Fèvre, Lignée, Piot, Vila (1).

Madame Fèvre a été nommée *présidente*.

Madame Carlier *secrétaire*.

Après examen et discussion, le Jury a émis l'avis qu'il y avait lieu de proposer les récompenses et distinctions suivantes :

Médaille de vermeil.

Mme Molandre, sœur Caroline, institutrice publique à Doulaincourt.

Médaille d'argent (grand module).

Mmes Paillet, sœur Bathilde, institutrice publique à Chaumont.

---

(1) ABSENTES : Mmes Lereuil, Lambert, Donnot, Simon Samuel, Alphandéry, Paul Mougeot, Cavaniol Henri, Husson, Berthelot, Simon Arthur et Lisse.

Mmes Bernand, sœur Prudence, institutrice pub. à Sommevoire.
Sibien, sœur Barnabé, institutrice publique à Langres.

Médaille d'argent (petit module).

Mme Mouillesaux, sœur Eusèbe, institutrice pub. à Orquevaux ;
Mlles Mugnier, Julie, institutrice publique à Biesles ;
Noël, Céline, institutrice libre à Chaumont ;
Mmes Paturel, née Garnier, institutrice publique à Ageville ;
Pierson, sœur Léontine, institutrice publique à Eurville ;
Mlle Rasquin, Marie, institutrice publique à Mandres ;
Mme Remy, sœur Marie-Paul, institutrice publique à Rimaucourt ;
Mme Valence, sœur Saint-Hilaire, institutrice pub. à Bourmont.

Médaille de bronze.

Mmes Charnot, sœur Anne-Joseph, institutrice pub. à Saint-Dizier ;
Hacard, sœur Imelda, institutrice publique à Aillanville ;
Mathenet, sœur Claire-d'Assise, institutrice pub. à Arc-en-B. ;
Mlle Munier, Eugénie, institutrice publique à Vecqueville ;
Mme Yard, sœur Marie-Hippolyte, institutrice pub. à Fayl-Billot.

Mention honorable.

Mmes Bailly, sœur Herminie, institutrice pub. à Châteauvillain ;
Gauthier, sœur Jean-de-Kenty, instit. pub. à Saint-Loup ;
Pineau, sœur Placide, institutrice publique à Donjeux ;
Remy, sœur Monique, instit. pub. à Fresnes-sur-Apance.

Le Jury regrette de ne pouvoir proposer, pour les deux dernières communes, une récompense plus considérable en raison de l'excellente exécution des ouvrages exposés, mais qui sont malheureusement en trop petit nombre.

Le Jury demande, en outre, une *médaille d'argent* (grand module) pour les sœurs de la Providence de Chaumont, dont l'Exposition de couture est fort remarquable, et qui aurait été tout à fait complète si un bel album, exposé à Paris l'année dernière, n'avait été perdu.

Le cours normal de filles de Chaumont étant subventionné par l'Etat et par cela même hors concours, le Jury ne peut reconnaître le mérite de son exposition que par des éloges.

Le Secrétaire-Rapporteur,   *La Présidente de la 5ᵉ Section,*
J. CARLIER.   FÈVRE.

TITRE III.

STATISTIQUE.

STATISTIQUE
DES CONSCRITS ILLETTRÉS
DE LA HAUTE-MARNE
Pendant la période décennale 1868-1878
(NON COMPRIS L'ANNÉE DE LA GUERRE, 1870)
COMPARÉE A LA PÉRIODE DÉCENNALE 1858-1867
Par A. FERRAND
Commis de l'Inspection académique, Officier d'Académie.

TABLEAU N° 1.

Communes n'ayant aucun conscrit illettré, pendant la période décennale 1868-1878 (moins l'année de la guerre, 1870), classées d'après le nombre total des conscrits et la proportion sur 100 habitants.

NUMÉROS D'ORDRE.	NOMS DES COMMUNES.	POPULATION d'après le recensement de 1876.	NOMBRE des conscrits dont l'instruction a été vérifiée.	PROPORTION s/100.
1	Percey-le-Petit	169	29	17.16
2	Erizeul	83	14	16.86
3	Montot	212	33	15.56
4	Maconcourt	132	20	15.15
5	Choilley	204	29	14.21
6	Lacrête	29	4	13.79
7	Saint-Vallier	180	24	13.33
8	Morteau	15	2	13.33
9	Humberville	219	29	13.24
10	Voncourt	129	17	13.17
11	Saint-Broingt-le-Bois	229	30	13.10
12	Augeville	31	4	12.90
13	Mirbel	110	14	12.72
14	Cerizières	272	34	12.50
15	Suzémont	32	4	12.50
16	Chassigny	597	73	12.22
17	Charmes-les-Langres	206	25	12.13
18	Vallerest	133	16	12.03

NUMÉROS D'ORDRE.	NOMS DES COMMUNES.	POPULATION d'après le recensement de 1876.	NOMBRE des conscrits dont l'instruction a été vérifiée.	PROPORTION s/100.
19	Broncourt...............	184	22	11.95
20	Doulevant-le-Petit.........	67	8	11.94
21	Genrupt................	176	21	11.93
22	Guindrecourt-sur-Blaise....	189	22	11.64
23	Marbéville.............	242	28	11.57
24	Faverolles..............	356	41	11.51
25	Sommancourt............	158	18	11.39
26	Saint-Maurice...........	97	11	11.34
27	Braux.................	381	43	11.28
28	Sauvage-Magnil.........	133	15	11.27
29	Briaucourt.............	214	24	11.21
30	Maizières-les-Joinville....	313	35	11.18
31	Chambroncourt..........	170	19	11.17
32	Courcelles-en-Montagne...	305	34	11.14
33	Mennouveaux...........	189	21	11.11
34	Palaiseul..............	126	14	11.11
35	Curmont..............	54	6	11.11
36	Flagey...............	199	22	11.05
37	Sarcey...............	163	18	11.04
38	Arbot................	281	31	11.03
39	Chatenay-Vaudin........	164	18	10.97
40	Nijon.................	338	37	10.94
41	Occey................	348	38	10.91
42	Fays.................	156	17	10.89
43	Laharmand............	147	16	10.88
44	Laneuville-aux-Bois.....	184	20	10.86
45	Curel................	571	62	10.85
46	Tronchoy.............	167	18	10.77
47	Saint-Martin-les-Langres...	149	16	10.73
48	Dardenay.............	112	12	10.71
49	Perrancey............	299	32	10.70
50	Verseilles-le-Bas.......	113	12	10.61
51	Robert-Magnil.........	428	45	10.51
52	Marnay..............	409	43	10.51
53	Buxières-les-Villiers....	124	13	10.48
54	Charmes-en-l'Angle.....	124	13	10.48
55	Semilly..............	278	29	10.43
56	Heuilley-le-Grand......	451	47	10.42
57	Goncourt.............	557	58	10.41
58	Prez-sous-Lafauche.....	568	59	10.38
59	Colombey-les-Choiseul...	491	51	10.38
60	Germainvilliers........	283	29	10.24
61	Essey-les-Eaux........	205	21	10.24
62	Outremécourt.........	293	30	10.23
63	Riaucourt............	391	40	10.23
64	Malaincourt..........	186	19	10.21

NUMÉROS D'ORDRE.	NOMS DES COMMUNES.	POPULATION d'après le recensement de 1876.	NOMBRE des conscrits dont l'instruction a été vérifiée.	PROPORTION s/100.
65	Ecot	196	20	10.20
66	Ozières	158	16	10.12
67	Forcey	247	25	10.12
68	Bannes	397	40	10.07
69	Anrosey	508	51	10.03
70	Merrey	220	22	10.00
71	Genevrières	512	51	9.96
72	Huilliécourt	413	41	9.92
73	Fresnoy	515	51	9.90
74	Laneuville-au-Pont	111	11	9.90
75	Santenoge	152	15	9.86
76	Blézy	102	10	9.80
77	Condes	143	14	9.79
78	Jorquenay	194	19	9.79
79	Vraincourt	133	13	9.77
80	Ageville	461	45	9.76
81	Odival	328	32	9.75
82	Busson	195	19	9.74
83	Velles	288	28	9.72
84	Gillaumé	72	7	9.72
85	Crenay	309	30	9.70
86	Oudincourt	340	33	9.70
87	Grandchamp	227	22	9.69
88	Nomécourt	311	30	9.64
89	Pierrefaite	552	53	9.60
90	Colombey-les-deux-Eglises	698	67	9.59
91	Villiers-les-Aprey	136	13	9.55
92	Essey-les-Ponts	199	19	9.54
93	Vesaignes-sur-Marne	253	24	9.48
94	Morancourt	359	34	9.47
95	Lavilleneuve-aux-Fresnes	74	7	9.45
96	Saint-Loup	286	27	9.44
97	Saint-Broingt-les-Fosses	415	39	9.39
98	Ninville	277	26	9.38
99	Mardor	128	12	9.37
100	Champigny-les-Langres	257	24	9.33
101	Noyers	301	28	9.30
102	Parnot	775	72	9.29
103	Chaudenay	280	26	9.28
104	Dommartin-le-Saint-Père	648	60	9.25
105	Anglus	184	17	9.23
106	Saint-Blin	596	55	9.22
107	Villiers-sur-Marne	250	23	9.20
108	Viéville	327	30	9.17
109	Donnemarie	284	26	9.15
110	Daillancourt	295	27	9.15

NUMÉROS D'ORDRE.	NOMS DES COMMUNES.	POPULATION d'après le recensement de 1876.	NOMBRE des conscrits dont l'instruction a été vérifiée.	PROPORTION p/100.
111	Bay.......................	164	15	9.14
112	Saint-Ciergues............	329	30	9.11
113	Perthes...................	703	64	9.10
114	Colmier-le-Haut...........	209	19	9.09
115	Troischamps...............	222	20	9.01
116	Louvières.................	256	23	8.98
117	Harméville................	134	12	8.95
118	Vaillant..................	190	17	8.94
119	Vesaignes-sous-Lafauche...	358	32	8.93
120	Vieux-Moulins.............	202	18	8.91
121	Ternat....................	146	13	8.90
122	Grenant...................	517	46	8.89
123	Chanoy....................	90	8	8.88
124	Thivet....................	383	34	8.87
125	Sommermont................	192	17	8.85
126	Echenay...................	204	18	8.82
127	Audeloncourt..............	444	39	8.78
128	Landéville................	57	5	8.77
129	Pont-la-Ville.............	377	33	8.75
130	Corgirnon.................	526	46	8.74
131	Sommerécourt..............	229	20	8.73
132	Culmont...................	401	35	8.72
133	Frampas...................	230	20	8.69
134	Orbigny-au-Val............	219	19	8.67
135	Avrainville...............	185	16	8.64
136	Vitry-en-Montagne.........	128	11	8.59
137	Lamancine.................	128	11	8.59
138	Lénizeul..................	221	19	8.59
139	Maizières-sur-Amance......	478	41	8.57
140	Voisines..................	269	23	8.55
141	Fresnes-sur-Apance........	1.055	90	8.53
142	Coiffy-le-Bas.............	692	59	8.52
143	Courlévèque...............	270	23	8.51
144	Signéville................	188	16	8.51
145	Perrusse..................	247	21	8.50
146	Troisfontaines-la-Ville...	200	17	8.50
147	Villars-Montroyer.........	106	9	8.49
148	Leuchey...................	212	18	8.49
149	Gillancourt...............	271	23	8.48
150	Thol-les-Millières........	177	15	8.47
151	Aubepierre................	641	54	8.42
152	Brainville................	273	23	8.42
153	Soncourt..................	405	34	8.39
154	Domblain..................	191	16	8.37
155	Noidant-Chatenoy..........	239	20	8.36
156	Coublanc..................	420	35	8.33

NUMÉROS D'ORDRE.	NOMS DES COMMUNES.	POPULATION d'après le recensement de 1876.	NOMBRE des conscrits dont l'instruction a été vérifiée.	PROPORTION s/100.
157	Rizaucourt	300	25	8.33
158	Lagenevroye	24	2	8.33
159	Perrogney	264	22	8.33
160	Vaux-sur-Blaise	576	48	8.33
161	Leschères	385	32	8.31
162	Sarcicourt	301	25	8.30
163	Vicq	958	80	8.29
164	Mertrud	615	51	8.29
165	Giey-sur-Aujon	374	31	8.28
166	Marmesse	133	11	8.27
167	Domremy	278	23	8.27
168	Chatonrupt	484	40	8.26
169	Epinant	230	19	8.26
170	Colmier-le-Bas	97	8	8.24
171	Damrémont	803	66	8.22
172	Vaudrémont	280	23	8.21
173	Breuil-sur-Marne	184	15	8.15
174	Epizon	356	29	8.14
175	Brottes	307	25	8.14
176	Germaines	123	10	8.13
177	Les Loges	344	28	8.13
178	Vitry-les-Nogent	406	33	8.12
179	Mussey	542	44	8.11
180	Villiers-en-Lieu	728	59	8.10
181	Cohons	519	42	8.09
182	Pierrefontaines	62	5	8.06
183	Violot	298	24	8.05
184	Marcilly	635	51	8.03
185	Torcenay	399	32	8.02
186	Daillecourt	250	20	8.00
187	Corlée	225	18	8.00
188	Rosoy	551	44	7.98
189	Coupray	338	27	7.98
190	Vauxbons	163	13	7.97
191	Champigneulles	188	15	7.97
192	Meures	278	22	7.91
193	Hoëricourt	355	28	7.88
194	Annéville	127	10	7.87
195	Villiers-le-Sec	485	38	7.83
196	Chauffourt	512	40	7.81
197	Autreville	464	36	7.75
198	Provenchères-sur-Marne	142	11	7.74
199	Longchamp-les-Millières	181	14	7.73
200	Gonaincourt	130	10	7.69
201	Eclaron	968	74	7.64
202	Blessonville	314	24	7.64

NUMÉROS D'ORDRE.	NOMS DES COMMUNES.	POPULATION d'après le recensement de 1876.	NOMBRE des conscrits dont l'instruction a été vérifiée.	PROPORTION s/10 0
203	Andilly....................	328	25	7.62
204	Maranville..................	460	35	7.61
205	Vaudrecourt.................	105	8	7 61
206	Flornoy.....................	158	12	7.59
207	Humes......................	514	39	7.58
208	Saulles.....................	410	31	7.56
209	Harréville..................	516	39	7.55
210	Neuvelle-les-Voisey.........	413	31	7 50
211	Jonchery...................	308	23	7.46
212	Blumeray...................	297	22	7.40
213	Rougeux....................	405	30	7.40
214	Charmoy....................	378	28	7.40
215	Bressoncourt...............	27	2	7.40
216	Avrecourt..................	257	19	7.39
217	Le Pailly..................	366	27	7.37
218	Morionvilliers.............	109	8	7.34
219	Trémilly...................	192	14	7.29
220	Celles.....................	357	26	7.28
221	Buchey.....................	110	8	7.27
222	Ormancey...................	234	17	7.26
223	Dinteville.................	290	21	7.24
224	Bailly-aux-Forges..........	305	22	7.21
225	Rouelles...................	125	9	7.20
226	Allichamps.................	446	32	7.17
227	Saint-Thiébaut.............	279	20	7.16
228	Cirfontaines-en-Azois......	536	38	7.08
229	Orquevaux..................	240	17	7.08
230	Esnoms.....................	440	31	7.04
231	Poinson-les-Grancey........	142	10	7.04
232	Doulaincourt...............	983	69	7.01
233	Rouvroy....................	342	24	7.01
234	Chatoillenot...............	301	21	6.97
235	Meuse......................	215	15	6.97
236	Brachay....................	316	22	6.96
237	Pautaines..................	173	12	6 93
238	Chancenay..................	462	32	6 92
239	Charmoilles................	362	25	6.90
240	Courcelles-Val-d'Esnoms....	378	26	6.87
241	Percey-le-Pautel...........	160	11	6.87
242	Manois.....................	859	59	6.86
243	Lanty......................	394	27	6.85
244	Aujeures...................	264	18	6.81
245	Mareilles..................	308	21	6.81
246	Planrupt...................	397	27	6.80
247	Ormoy-les-Sexfontaines.....	147	10	6.80
248	Lecey......................	325	22	6.76

NUMÉROS D'ORDRE.	NOMS DES COMMUNES.	POPULATION d'après le recensement de 1876.	NOMBRE des conscrits dont l'instruction a été vérifiée.	PROPORTION s/100.
249	Orcevaux............	148	10	6.75
250	Lamargelle..........	74	16	6.75
251	Treix................	163	11	6.74
252	Guindrecourt-aux-Ormes....	297	20	6.73
253	Levécourt...........	342	23	6.72
254	Villegusien.........	479	32	6.68
255	Vesvres-sous-Chalancey....	151	10	6.62
256	Aulnoy..............	121	8	6.61
257	Beaucharmoy........	243	16	6.58
258	Montsaon............	167	11	6.58
259	Villemoron..........	122	8	6.55
260	Praslay.............	275	18	6.54
261	Aizanville..........	123	8	6.50
262	Attancourt..........	324	21	6.48
263	Dammartin..........	648	42	6.48
264	Rolampont..........	1.389	90	6.47
265	Vaux-la-Douce......	170	11	6.47
266	Chantraines.........	312	20	6.41
267	Latrecey............	703	45	6.40
268	Musseau.............	141	9	6.38
269	Laneuville-à-Remy...	205	13	6.34
270	Melay...............	1.374	87	6.33
271	Couzon..............	95	6	6.31
272	Rouécourt...........	222	14	6.30
273	Orbigny-au-Mont.....	353	21	6.30
274	Maulain.............	286	18	6.30
275	Blécourt............	207	13	6.28
276	Saudron.............	175	11	6.28
277	Luzy................	287	18	6.27
278	Heuilley-Cotton.....	495	31	6.26
279	Ravennefontaine.....	224	14	6.25
280	Chalancey...........	337	21	6.23
281	Cusey...............	386	24	6.21
282	Millières...........	435	27	6.20
283	Montlandon..........	405	25	6.17
284	Dommarien...........	373	23	6.16
285	Villars-en-Azois....	361	22	6.09
286	Liffol-le-Petit.....	428	26	6.07
287	Bricon..............	479	29	6.05
288	Soulaincourt........	83	5	6.02
289	Brennes.............	317	19	5.98
290	Poiseul.............	201	12	5.97
291	Ferrière-et-Lafolie.	235	14	5.95
292	Silvarouvres........	271	16	5.90
293	Foulain.............	290	17	5.86
294	Lavilleneuve-au-Roi.	274	16	5.83

NUMÉROS D'ORDRE.	NOMS DES COMMUNES.	POPULATION d'après le recensement de 1876.	NOMBRE des conscrits dont l'instruction a été vérifiée.	PROPORTION s/100.
295	Germay	207	12	5.79
296	Rochefort	208	12	5.76
297	Marac	400	23	5.75
298	Flammerécourt	226	13	5.75
299	Rouvres-sur-Aube	386	22	5.70
300	Villiers-aux-Chênes	158	9	5.69
301	Euffigneix	211	12	5.68
302	Suzannecourt	374	21	5.61
303	Créancey	464	26	5.60
304	Belmont	270	15	5.55
305	Le Puits-des-Mèzes	255	14	5.49
306	Lavernoy	237	13	5.48
307	Vaux-sous-Aubigny	534	29	5.43
308	Valleroy	130	7	5.38
309	Saint-Michel	260	14	5.38
310	Saulxures	360	19	5.27
311	Valdelancourt	129	7	5.27
312	Saint-Martin	285	15	5.26
313	Rachecourt-sur-Blaise	152	8	5.26
314	Aingoulaincourt	57	3	5.26
315	Harricourt	154	8	5.19
316	Vouécourt	331	17	5.13
317	Maisoncelles	157	8	5.09
318	Noncourt	454	23	5.06
319	Mouilleron	62	3	4.83
320	Rozières	313	15	4.79
321	Vaux-sur-Saint-Urbain	254	12	4.72
322	Montsaugeon	234	11	4.70
323	Thilleux	152	7	4.60
324	Maâtz	272	12	4.41
325	Montesson	181	8	4.41
326	Vivey	137	6	4.37
327	Vignes	117	5	4.27
328	Montheries	248	10	4.03
329	Bettoncourt	124	5	4.03
330	Laville-aux-Bois	260	10	3.84
331	Pratz	78	3	3.84
332	Chalmessin	106	4	3.77
333	Villemervry	86	3	3.48
334	Montormentier	65	2	3.07
335	Hâcourt	109	3	2.75
336	Lécourt	185	5	2.70
337	Verseilles-le-Haut	78	2	2.56
338	Courcelles-sur-Aujon	218	5	2.29
339	Biernes	92	1	1.08

TABLEAU N° 2.

Communes ayant des conscrits illettrés, classées suivant la proportion pour 100.

NUMÉROS D'ORDRE.	NOMS DES COMMUNES.	NOMBRE des conscrits	NOMBRE des conscrits ne sachant ni lire ni écrire.	PROPORTION s/100.
1	Biesles	119	1	0.84
2	Montigny-le-Roi	106	1	0.94
3	Chevillon	101	1	0.99
4	Rimaucourt	99	1	1.01
5	Laferté-sur-Aube	77	1	1.29
6	Chamouilley	76	1	1.31
7	Voilleconte	72	1	1.38
8	Saint-Urbain	72	1	1.38
9	Provenchères-sur-Meuse	70	1	1.42
10	Osne-le-Val	131	2	1.52
11	Rivières-les-Fosses	63	1	1.58
12	Orges	62	1	1.61
13	Roches-sur-Rognon	62	1	1.61
14	Larivière	56	1	1.78
15	Châteauvillain	111	2	1.80
16	Chalvraines	54	1	1.85
17	Mandres	53	1	1.88
18	Bologne	52	1	1.92
19	Nogent-le-Roi	308	1	1.96
20	Doulevant-le-Château	51	6	1.94
21	Varennes	99	2	2.02
22	Clinchamp	48	1	2.08
23	Fayl-Billot	191	4	2.09
24	Dommartin-le-Franc	46	1	2.17
25	Auberive	46	1	2.17
26	Aprey	46	1	2.17
27	Lannes	46	1	2.17
28	Aillianville	45	1	2.22
29	Soyers	44	1	2.27
30	Laneuvelle	44	1	2.27
31	Laferté-sur-Amance	43	1	2.32
32	Bussières-les-Belmont	129	3	2.32
33	Clefmont	43	1	2.32
34	Hortes	128	3	2.34
35	Chaumont	594	14	2.35

NUMÉROS D'ORDRE.	NOMS DES COMMUNES.	NOMBRE des conscrits	NOMBRE des conscrits ne sachant ni lire ni écrire.	PROPORTION s/100.
36	Lanques	40	1	2.50
37	Chézeaux	40	1	2.50
38	Montiérender	118	3	2.54
39	Nully	39	1	2.56
40	Bourbonne-les-Bains	311	8	2.57
41	Is-en-Bassigny	76	2	2.63
42	Graffigny-Chemin	75	2	2.66
43	Dampierre	75	2	2.66
44	Bonnecourt	37	1	2.70
45	Meuvy	36	1	2.77
46	Dancevoir	70	2	2.85
47	Soulaucourt	35	1	2.85
48	Ceffonds	69	2	2.89
49	Bettancourt-la-Ferrée	34	1	2.94
50	Arc-en-Barrois	101	3	2.97
51	Lachapelle	33	1	3.03
52	Chaumont-la-Ville	33	1	3.03
53	Sailly	33	1	3.03
54	Bourmont	65	2	3.07
55	Thonnance-les-Joinville	97	3	3.09
56	Hallignicourt	31	1	3.22
57	Poulangy	62	2	3.22
58	Farincourt	31	1	3.22
59	Langres	586	19	3.24
60	Plesnoy	61	2	3.27
61	Pressigny	61	2	3.27
62	Marault	30	1	3.33
63	Ambonville	30	1	3.33
64	Leffonds	59	2	3.38
65	Louze	58	2	3.44
66	Vecqueville	58	2	3.44
67	Fronville	29	1	3.44
68	Leurville	29	1	3.44
69	Champigny-sous-Varennes	29	1	3.44
70	Celsoy	29	1	3.44
71	Ormoy-sur-Aube	29	1	3.44
72	Buxières-les-Froncles	29	1	3.44
73	Prauthoy	57	2	3.50
74	Longeau	28	1	3.57
75	Andelot	84	3	3.57
76	Frettes	56	2	3.57
77	Esnouveaux	56	2	3.57
78	Illoud	28	1	3.57
79	Bassoncourt	28	1	3.57
80	Gudmont	28	1	3.57
81	Vignory	27	1	3.70

NUMÉROS D'ORDRE.	NOMS DES COMMUNES.	NOMBRE des conscrits.	NOMBRE des conscrits ne sachant ni lire ni écrire.	PROPORTION s/100.
82	Rançonnières	27	1	3.70
83	Rupt	27	1	3.70
84	Rochetaillée	27	1	3.70
85	Buxières-les-Clefmont	27	1	3.70
86	Louvemont	79	3	3.79
87	Thonnance-les-Moulins	26	1	3.84
88	Bugnières	26	1	3.84
89	Wassy	257	10	3.89
90	Droyes	77	3	3.89
91	Chalindrey	75	3	4.00
92	Valcourt	25	1	4.00
93	Noidant-le-Rocheux	50	2	4.00
94	Ville-en-Blaisois	25	1	4.00
95	Tornay	25	1	4.00
96	Mathons	25	1	4.00
97	Cirey-les-Mareilles	25	1	4.00
98	Bourg	25	1	4.00
99	Poissons	98	4	4.08
100	Bourdons	72	3	4.16
101	Reynel	48	2	4.16
102	Savigny	24	1	4.16
103	Rivières-le-Bois	24	1	4.16
104	Piépape	24	1	4.16
105	Choiseul	24	1	4.16
106	Coiffy-le-Haut	95	4	4.21
107	Sarrey	71	3	4.22
108	Romain-sur-Meuse	46	2	4.34
109	Montreuil-sur-Thonnance	23	1	4.34
110	Frécourt	23	1	4.34
111	Récourt	23	1	4.34
112	Montcharvot	23	1	4.34
113	Courcelles-sur-Blaise	23	1	4.34
114	Joinville	289	13	4.50
115	Lamothe-en-Blézy	22	1	4.54
116	Bize	22	1	4.54
117	Isômes	21	1	4.76
118	Guyonvelle	21	1	4.76
119	Choignes	21	1	4.76
120	Doncourt	21	1	4.76
121	Froncles	41	2	4.87
122	Paroy	20	1	5.00
123	Champcourt	20	1	5.00
124	Saint-Geosmes	60	3	5.00
125	Effincourt	20	1	5.00
126	Poinsenot	20	1	5.00
127	Changey	20	1	5.00

NUMÉROS D'ORDRE.	NOMS DES COMMUNES.	NOMBRE des conscrits.	NOMBRE des conscrits ne sachant ni lire ni écrire.	PROPORTION s/100.
128	Prangey	40	2	5.00
129	Eurville	116	6	5.17
130	Arnancourt	38	2	5.26
131	Pancey	19	1	5.26
132	Châtenay-Mâcheron	19	1	5 26
133	Cirey-sur-Blaise	37	2	5.40
134	Enfonvelle	37	2	5.40
135	Narcy	37	2	5.40
136	Pouilly	37	2	5.40
137	Humbécourt	36	2	5.55
138	Bouzancourt	36	2	5 55
139	Bettaincourt	54	3	5.55
140	Poinson-les-Fayl	36	2	5.55
141	Rennepont	18	1	5.55
142	Villars-Saint-Marcellin	53	3	5.66
143	Magneux	17	1	5.88
144	Montreuil-sur-Blaise	17	1	5.88
145	Germisey	17	1	5.88
146	Rôocourt-la-Côte	17	1	5.88
147	Serqueux	101	6	5.94
148	Arbigny-sous-Varennes	50	3	6.00
149	Poinson-les-Nogent	33	2	6.06
150	Chameroy	33	2	6.06
151	Sommevoire	114	7	6.14
152	Brethenay	16	1	6.25
153	Montribourg	16	1	6 25
154	Beauchemin	16	1	6.25
155	Baissey	48	3	6.25
156	Braucourt	31	2	6.45
157	Balesmes	31	2	6.45
158	Neuilly-l'Evêque	77	5	6.49
159	Blaise	15	1	6.66
160	Beurville	45	3	6.66
161	Aubigny	15	1	6.66
162	Cuves	15	1	6.66
163	Neuilly-sur-Suize	15	1	6.66
164	Lezéville	15	1	6 66
165	Longeville	71	5	7.04
166	Bourg-Sainte-Marie	28	2	7 14
167	Sexfontaines	28	2	7.14
168	Gilley	14	1	7.14
169	Peigney	28	2	7.14
170	Donjeux	56	4	7.14
171	Consigny	27	2	7.40
172	Charmes-la-Grande	38	3	7.89
173	Puellemontier	38	3	7 89

NUMÉROS D'ORDRE.	NOMS DES COMMUNES.	NOMBRE des conscrits.	NOMBRE des conscrits ne sachant ni lire ni écrire.	PROPORTION s/100.
174	Baudrecourt	25	2	8.00
175	Villiers-aux-Bois	25	2	8.00
176	Pisseloup	12	1	8.33
177	Roches-sur-Marne	46	4	8.69
178	Rangecourt	23	2	8.69
179	Brousseval	56	5	8.92
180	Breuvannes	89	8	8.98
181	Cirfontaines-en-Ornois	33	3	9.09
182	Juzennecourt	22	2	9.09
183	Vroncourt	11	1	9.09
184	Lavilleneuve	22	2	9.09
185	Moëslains	11	1	9.09
186	Voisey	112	11	9.82
187	Verbiesles	10	1	10.00
188	Prez-sur-Marne	20	2	10.00
189	Bienville	87	9	10.34
190	Gourzon	38	4	10.52
191	Aigremont	19	2	10.52
192	Blancheville	19	2	10.52
193	Darmannes	27	3	11.11
194	Semoutiers	18	2	11.11
195	Chamarandes	9	1	11.11
196	Autigny-le-Grand	18	2	11.11
197	Annonville	9	1	11.11
198	Richebourg	44	5	11.36
199	Saucourt	26	3	11.53
200	Lafauche	16	2	12.50
201	Autigny-le-Petit	16	2	12.50
202	Saint-Dizier	908	118	13.00
203	Laneuville-à-Bayard	15	2	13.33
204	Villiers-sur-Suize	42	6	14.28
205	Sommeville	20	3	15.00
206	Arnoncourt	19	3	15.78
207	Argentolles	6	1	16.66
208	Rachecourt-sur-Marne	75	14	18.66
209	Fontaines-sur-Marne	42	8	19.04
210	Brouthières	5	1	20.00
211	Seuchey	1	1	100.00

RÉSUMÉ :

Nombre des communes { dont tous les conscrits savent lire et écrire (Tableau n° 1) **339**
ayant des conscrits illettrés (Tableau n° 2) **211**

TOTAL des communes **550**

TABLEAU N° 3.

Cantons et Arrondissements classés d'après le nombre des conscrits qui, sur un total de 100, ne savent ni lire ni écrire, de 1868 à 1878 (excepté l'année de la guerre, 1870).

N° D'ORDRE.		CANTONS, ARRONDISSEMENTS ET DÉPARTEMENT.	NOMBRE des CONSCRITS sachant lire et écrire.	NOMBRE DES CONSCRITS ILLETTRÉS.				NOMBRE DES CONSCRITS dont l'instruction n'a pu être vérifiée.	NOMBRE total des CONSCRITS.	PROPORTION s/100 DES CONSCRITS illettrés.	
Période décennale				jouissant de leurs facultés intellectuelles.	idiots, aliénés, etc.	sourds, aveugles, muets, perdus, etc.	TOTAL.			Période décennale	
1868-1878.	1858-1877.									1868-1878.	1858-1867.
		Cantons :									
1	22	Saint-Blin............	491	»	1	1	2	3	496	0.40	4.98
2	5	Vignory............	473	»	1	1	2	7	482	0.41	2.40
3	2	Prauthoy............	657	1	1	2	4	2	663	0.60	1.56
4	1	Auberive............	434	2	»	1	3	2	439	0.68	1.36
5	23	Nogent-le-Roi........	1 072	5	»	3	8	9	1.089	0.73	5.17
6	16	Juzennecourt........	443	»	2	2	4	4	451	0.88	3.70
7	24	Arc-en-Barrois......	427	3	»	1	4	15	446	0.89	5.43
8	18	Châteauvillain......	651	3	2	1	6	»	657	0.91	3.90
9	3	Longeau............	734	3	3	1	7	7	748	0.93	2.13
10	4	Montigny-le-Roi......	526	5	»	»	5	3	534	0.93	2.16
11	7	Varennes............	679	4	2	1	7	5	691	1.01	2.61
12	20	Chaumont............	962	6	2	2	10	11	983	1.01	4.46
13	9	Neuilly-l'Évêque......	651	4	2	2	8	6	665	1.20	2.86
14	13	Fayl-Billot..........	973	5	6	2	13	5	991	1.31	3.54
15	6	Bourmont............	767	5	3	3	11	3	781	1.40	2.56
16	14	Doulaincourt........	580	5	2	2	9	4	593	1.51	3.63
17	15	Langres............	1 215	14	3	4	21	10	1.246	1.68	3.66
18	8	Poissons............	448	3	2	3	8	9	465	1.72	2.75
19	17	Doulevant-le-Château..	580	4	2	5	11	7	598	1.83	3.84
20	12	Andelot............	566	9	1	1	11	6	583	1.88	3.30
21	11	Bourbonne-les-Bains..	1.071	14	5	6	25	7	1.103	2.26	3.22
22	25	Wassy............	855	16	»	4	20	5	880	2.27	5.53
23	19	Clefmont............	554	8	»	5	13	3	570	2.28	3.96
24	27	Laferté-sur-Amance..	461	2	4	5	11	5	477	2.30	8.22
25	10	Joinville............	689	15	1	6	22	3	714	3.08	3.19
26	26	Montiérender........	695	16	1	7	24	3	722	3.32	5.81
27	21	Chevillon............	757	22	»	20	42	11	810	5.18	4.84
28	28	Saint-Dizier........	1.306	83	»	45	128	1	1.435	8.92	8.39
		Arrondissements :									
1	2	Chaumont............	6.406	39	12	20	71	61	6.538	1.08	3.88
2	1	Langres............	7.401	54	26	24	104	52	7.557	1.37	3.11
3	3	Wassy............	5.910	164	8	92	264	43	6.217	4.24	5.15
		Département :									
»	»	HAUTE-MARNE........	19.717	257	46	136	439	156	20.312	2.16	3.94

CERTIFIÉ EXACT.

Chaumont, le 1ᵉʳ Septembre 1879.

Le Commis de l'Inspection académique,

A. FERRAND.

DÉPARTEMENT DE LA HAUTE-MARNE.

CARTE SCOLAIRE

PRÉSENTANT LE

Classement des 28 cantons, d'après la proportion s/100 des Conscrits illettrés, pendant la période décennale de 1868 à 1878,

DRESSÉE PAR LES SOINS DE **M. FERRAND**,

Commis de l'Inspection de la Haute-Marne, Officier d'Académie.

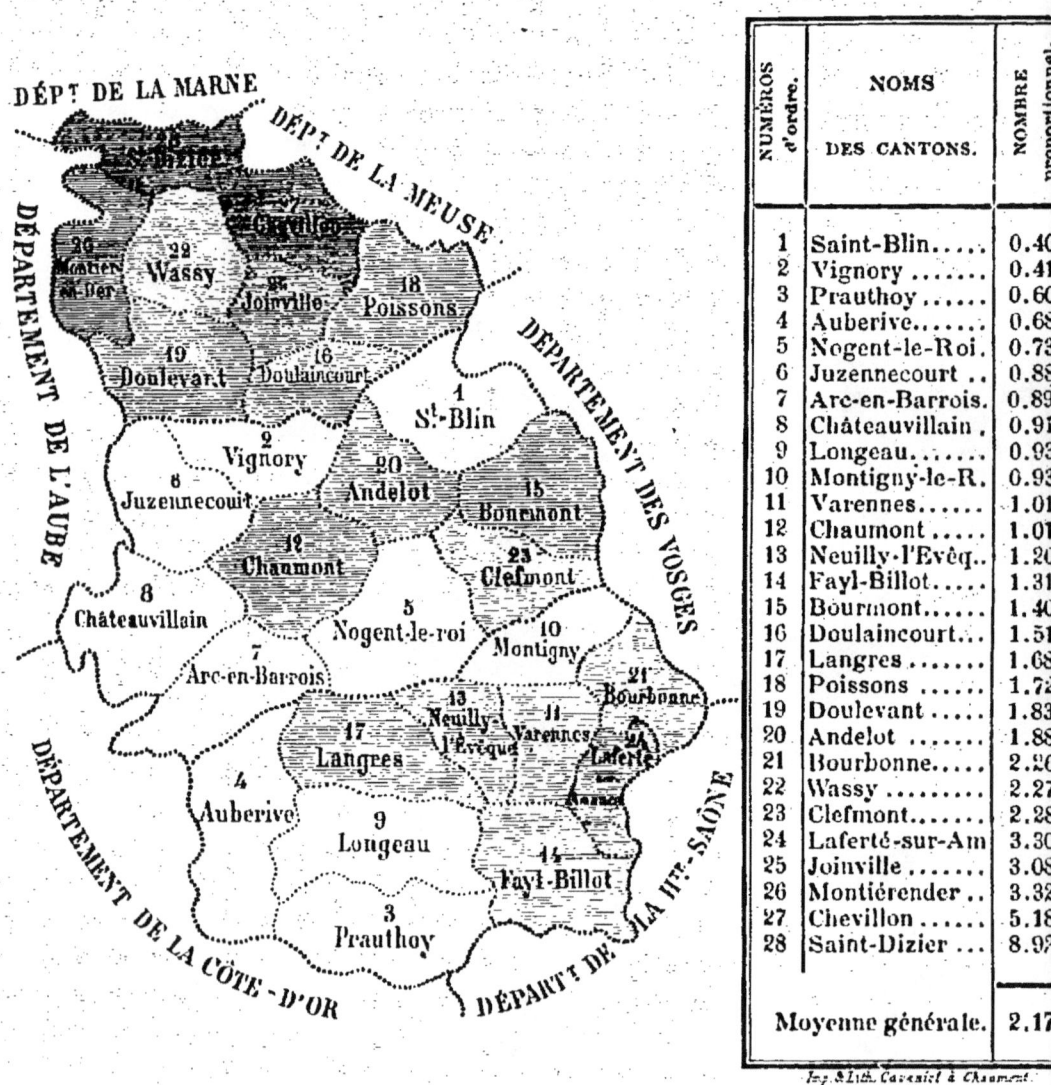

NUMÉROS d'ordre	NOMS DES CANTONS.	NOMBRE proportionnel
1	Saint-Blin	0.40
2	Vignory	0.41
3	Prauthoy	0.60
4	Auberive	0.68
5	Nogent-le-Roi	0.73
6	Juzennecourt	0.88
7	Arc-en-Barrois	0.89
8	Châteauvillain	0.91
9	Longeau	0.93
10	Montigny-le-R.	0.93
11	Varennes	1.01
12	Chaumont	1.01
13	Neuilly-l'Évêq.	1.20
14	Fayl-Billot	1.31
15	Bourmont	1.40
16	Doulaincourt	1.51
17	Langres	1.68
18	Poissons	1.72
19	Doulevant	1.83
20	Andelot	1.89
21	Bourbonne	2.26
22	Wassy	2.27
23	Clefmont	2.28
24	Laferté-sur-Am	3.30
25	Joinville	3.08
26	Montiérender	3.32
27	Chevillon	5.18
28	Saint-Dizier	8.92
	Moyenne générale	2.17

Échelle des Teintes.

N°° 1 à 10	N°° 11 à 20	N°° 21 à 23	N°° 24 à 26	N°° 27 à 28
de 0 à 1 p. %	de 1 à 2 p. %	de 2 à 3 p. %	de 3 à 5 p. %	de 5 à 10 p. %

TITRE IV.

RÉCOMPENSES.

TITRE IV.

RÉCOMPENSES

Procès-verbal du comité central.

Séance du 11 mars 1880.

Récompenses. — L'an mil huit cent quatre-vingt, le jeudi 11 mars, à 10 heures du matin, le Comité central de l'Exposition scolaire de la Haute-Marne s'est réuni à la Préfecture, sous la présidence de M. Duponnois, Inspecteur d'Académie, en l'absence de M. le Préfet, président.

Etaient présents :

MM. Duponnois, vice-président ;
Delaumone, adjoint à Chaumont ;
Simon, adjoint à Chaumont ;
Sauvage, professeur d'agriculture ;
De Montrol, conseiller général, membre du jury adjoint au Comité central ;
Welter, inspecteur primaire à Chaumont ;
Plateau, inspecteur primaire à Langres ;
Rigaud, inspecteur primaire à Wassy ;
Ferrand, commis d'inspection académique, membre de la commission d'organisation ;
Piot, inspecteur primaire à Chaumont, secrétaire désigné pour cette réunion.

En ouvrant la séance, M. le Président est heureux de signaler que l'appel fait par le Comité central, dans sa réunion du 18 septembre 1879, à toutes les personnes qui s'intéressent à l'instruction populaire, a été entendu.

Des sommes importantes ont été données, des médailles nombreuses ont été offertes, tant par les communes que par les particuliers.

Aujourd'hui il s'agit de répartir définitivement ces récompenses.

M. l'Inspecteur. Président, rappelle les diverses décisions prises à cet effet dans les séances précédentes.

Il donne lecture des rapports des Jurys de section et fait remarquer que ces travaux montrent le soin avec lequel l'examen des objets exposés a été fait, et la conscience qu'ont apportée à leur tâche les membres et les rapporteurs des différentes commissions.

L'acceptation par le Comité central de toutes les propositions des jurys de section conduiraient à la délivrance de 127 médailles et 145 mentions honorables tant pour les instituteurs que pour les institutrices.

Ce nombre est supérieur aux récompenses dont on dispose.

M. le Président propose de le réduire ainsi :

Tout exposant qui aura mérité des récompenses dans plusieurs sections ne recevra que la plus élevée. Les autres nominations seront seulement mentionnées au moment de la proclamation des prix. Ce n'est que par exception que plusieurs récompenses de même ordre, augmentées encore de récompenses d'ordre moins élevé, pourront contribuer à constituer une récompense unique d'un degré supérieur. Il faut pour cela que l'ensemble révèle dans certaines parties des qualités toutes spéciales. Et, comme le fait remarquer avec raison un membre du comité, « une certaine somme de médiocrités ne saurait constituer une supériorité sérieuse. »

La proposition est acceptée.

Il est décidé ensuite que les récompenses les plus élevées, les médailles d'or, seront au nombre de trois : la première sera attribuée aux travaux purement scolaires ; la seconde, à l'ensemble des deux résultats constatés pour les productions agricoles et horticoles, branches importantes qui complètent d'une manière si heureuse l'étude des matières obligatoires ; enfin, la troisième s'appliquera à la meilleure exposition de dessin, science qu'il est si utile de propager.

L'agriculture, l'industrie occuperont ainsi la place d'honneur qu'elles méritent, à côté de l'enseignement élémentaire proprement dit.

Les *Rappels* de médailles s'appliqueront à des exposants qui ont obtenu à l'Exposition universelle de 1878, une récompense semblable à celle qu'ils ont méritée à l'exposition départementale.

Les prix qu'on espère recevoir du ministère sont laissés à la libre disposition de M. l'Inspecteur d'Académie, qui les attribuera à titre d'encouragement à certains lauréats.

Il est juste aussi de donner quelques récompenses aux élèves. On décide de leur accorder les livres, les atlas, etc., que quelques libraires ont bien voulu laisser à la disposition du Comité. Le soin de la répartition est laissé à M. l'Inspecteur d'Académie.

Enfin, la liste des lauréats est arrêtée telle qu'elle est publiée plus loin à l'occasion de la distribution des récompenses.

Comme on le verra, le Comité central a délivré 86 médailles et 72 mentions, dont 35 diplômes d'honneur.

Les exposants, au nombre de 242, se répartissent ainsi :

Instituteurs..................	173
Institutrices................	33
Libraires et éditeurs..........	15
Particuliers	14
Etablissements ou associations..	7
TOTAL ÉGAL......	242

Lorsque le Comité a eu à se prononcer sur la récompense à accorder à M. Ferrand, celui-ci s'est retiré de la salle.

Avant de se séparer, le Comité émet le vœu que les prix soient distribués avec toute la solennité désirable et vote des remerciements aux exposants, aux donateurs (communes et particuliers) aux commissaires organisateurs, aux membres dévoués des commissions, enfin à tous ceux qui ont pris part à cette belle exposition visitée pendant un mois, sur laquelle un délégué du ministre a fait un rapport élogieux et qui fait honneur à la direction donnée par les autorités scolaires du département.

La séance, levée à midi, est reprise de 2 à 4 heures, par une commission désignée par le comité et composée des quatre inspecteurs primaires, pour l'attribution de plusieurs médailles de vermeil.

Fait à Chaumont, le 11 mars 1880.

Le Secrétaire,
PIOT.

Le Vice-Président du Comité central,
L. DUPONNOIS.

DISTRIBUTION SOLENNELLE

DES

DISTINCTIONS UNIVERSITAIRES

ET DES

RÉCOMPENSES HONORIFIQUES

Aux Lauréats de l'Exposition universelle de 1878

ET DE

L'EXPOSITION SCOLAIRE DÉPARTEMENTALE DE 1879

AINSI QU'AUX

INSTITUTEURS ET INSTITUTRICES

DU DÉPARTEMENT DE LA HAUTE-MARNE

Présidée par M. Jules POINTU, Préfet

LE 12 AOUT 1880.

La distribution des récompenses aux lauréats de l'Exposition universelle et de l'Exposition scolaire départementale a eu lieu le jeudi 11 août 1880, dans une des cours du lycée de Chaumont.

Ça été la grande fête des écoles après la grande fête de l'armée. Presque tous les instituteurs et beaucoup d'institutrices du département se trouvaient réunis. M. le Préfet de la Haute-Marne, assisté de M. l'Inspecteur d'académie, présidait cette cérémonie. On remarquait sur l'estrade MM. les Sous-Préfets de Langres et de Vassy, M. le Secrétaire général, MM. les Conseillers de Préfecture, M. le Maire de Chaumont, MM. S. Simon et Delanmone adjoints, MM. J. Lambert, juge ; Pasquier, Noble, Donnot, Flamarion, conseillers généraux, M. H. Cavaniol, conseiller d'arrondissement, etc., etc. Puis MM. les Inspecteurs primaires,

M. le directeur de l'Ecole normale, MM. les professeurs de l'Ecole, etc.

M. l'Inspecteur d'académie, dans un remarquable exposé, a rendu compte des travaux des maîtres, des progrès accomplis. A côté de quelques critiques de détail, il a eu le plaisir de pouvoir décerner aux instituteurs les plus grands et les plus légitimes éloges. Et ces éloges étaient bien l'expression de la pensée unanime. De nombreux et vifs applaudissements ont, à maintes reprises, couvert la voix du sympathique chef de l'enseignement dans la Haute-Marne et sont venus lui donner la preuve de l'estime et de l'affection dont l'entourent ses subordonnés.

M. le Préfet a pris ensuite la parole. Tout commentaire viendrait affaiblir la haute portée de l'éloquent et patriotique discours que le premier magistrat du département a prononcé, et dont les applaudissements unanimes de l'auditoire ont souligné les principaux passages.

M. le Préfet a eu à cœur de démontrer combien étaient mensongères les critiques malveillantes qui cherchent, dans les questions d'instruction, à dénaturer les actes et la pensée du Gouvernement.

L'armée avait eu son jour. Les Ecoles ont eu le leur.

Ces deux grandes journées resteront marquées dans les annales de notre histoire Haut-Marnaise. Elles ont indiqué le relèvement du pays. Elles sont le point de départ d'une ère nouvelle. La réhabilitation commence ; elle est le résultat des efforts de nos maîtres, des sacrifices de la nation.

On n'a plus qu'à déplorer l'attitude des adversaires du régime Républicain ; on n'a pas à la craindre. Ils sont obligés de subir la force des choses et de s'incliner devant l'évidence.

Les temps sont changés. La République patiente, laborieuse et modeste s'affermit au grand jour et aux acclamations du pays.

Ce résultat est, dans une large mesure, l'œuvre de nos laborieux et intelligents instituteurs. Honneur à eux !

Rapport de M. Duponnois,
Inspecteur d'académie.

Monsieur le Préfet, Messieurs,

Je dois rendre compte des résultats de l'Exposition scolaire de 1879.

L'idée est ancienne déjà, qui consiste à mettre, sous les yeux de tous, les produits de l'Art, de l'Industrie, de l'Agriculture, et de faire le public juge des progrès accomplis. Mais on avait oublié les produits spéciaux de la pensée, la science humaine par excellence, celle qui forme l'homme et le citoyen. « *C'est une belle œuvre*, disait un savant, *que de tracer un chemin de fer, creuser un canal, élever un édifice; mais il y a quelque chose de plus beau encore et de plus difficile, c'est de faire un homme.* » Cette œuvre c'est la vôtre, messieurs les instituteurs, et comme les autres, elle a ses instruments et ses procédés. On a compris enfin que tout le monde avait intérêt à connaître les perfectionnements introduits dans la science de l'éducation et de l'instruction. Les connaissances humaines, même les plus élémentaires, celles qui sont immédiatement utiles à tous les ouvriers de la main et de la pensée, ont pris, dans notre siècle, un tel développement, que la durée de l'enfance suffit à peine à les acquérir. Nous n'avons plus le temps de nous attarder. Les moyens rapides sont ici nécessaires, comme dans l'Industrie. Aussi un mouvement général a poussé les esprits sérieux vers l'étude des questions d'enseignement. Les réformes sont à l'ordre du jour. Des hommes éminents se sont mis à l'œuvre, ont cherché les procédés les plus sûrs et les plus simples. On s'est efforcé surtout de faciliter le travail des enfants et d'habituer leurs jeunes intelligences à rechercher en tout la clarté, cette qualité essentielle de l'esprit français. De là, cette méthode qu'on a appelée *intuitive* parce qu'elle va à l'intelligence par les yeux ; de là enfin cette multitude d'ouvrages et d'instruments pédagogiques qui attestent le souci général et l'importance des choses de l'enseignement. C'est cette universelle préoccupation, cette recherche de méthodes et de procédés nouveaux qui a créé les Expositions scolaires.

La Haute-Marne, il faut bien le dire, était un peu en retard sous ce rapport, retard d'autant plus regrettable, que le département était depuis longtemps classé aux premiers rangs de ceux où l'instruction est le plus répandue. On ne trouve dans le passé qu'une exposition restreinte organisée à Langres en 1873. Il fallait nous montrer tout entiers. Nous avons entrepris cette tâche et nous avons placé sous les yeux du public le tableau fidèle de notre enseignement. Il a pu juger nos travaux, compter les pas faits en avant ; il a pu nous louer ou nous critiquer, et les critiques ne nous sont pas moins précieuses que les éloges. Nous nous sommes montrés enfin tels que nous étions.

Je dis nous, car je ne me sépare pas de vous, Messieurs les Instituteurs et Mesdames les Institutrices, je suis votre chef officiel, mais en réalité votre collaborateur ; et, à ce titre, je prends ma part de vos succès, la plus faible ; car c'est à vous, je le reconnais volontiers, que revient l'honneur de cette Exposition, qui marquera une date dans les annales de l'instruction de notre département.

Quelle impression a-t-elle faite dans les esprits ? La première, celle que j'ai remarquée avec soin, c'est l'étonnement. Oui, on s'est tout d'abord étonné que de simples écoles primaires aient pu produire tant de belles et bonnes choses. Quoi ! cette multitude de dessins, ces cartes géographiques, ces plans, ces cahiers remplis de rédactions d'histoire, de problèmes quelquefois difficiles, et ces travaux de couture si achevés, si délicats, tout cela sortait de quelques humbles écoles de village ! On ne se doutait pas qu'il se faisait tant de bien en silence. Et puis les hommes de 50, de 60 ans, ceux de mon âge, hélas ! avaient gardé le souvenir de leur école d'autrefois, où l'on se bornait à apprendre à lire, écrire et compter ;

du vieux magister, personnage grave jusqu'au ridicule, qui n'enseignait et ne pouvait d'ailleurs, le digne et excellent homme, enseigner que ce qu'il savait, c'est-à-dire assez peu de choses.

Aujourd'hui, nos instituteurs doivent savoir beaucoup. Les programmes, qui s'allongent chaque année, exigent une diversité de connaissances lentes à acquérir. Et tout n'est pas de savoir ; il faut posséder, ce qui est plus difficile, une autre science essentielle, celle d'enseigner ce qu'on sait. La pédagogie, voilà notre grande préoccupation ; et ce qu'on a vu dans notre Exposition, c'est l'ensemble des moyens et des procédés mis au service de cette science.

Ce qui a tout d'abord frappé les visiteurs, c'est la multitude des dessins qui décoraient les murs de la salle, œuvres des maîtres et des élèves.

Le public les a vivement admirés. La Commission d'examen a été plus sévère que le public. Tout en appréciant souvent le mérite de l'exécution et du fini, elle a regretté l'absence de méthode. L'enfant qui a copié patiemment un petit paysage ou qui est parvenu à mettre un oiseau sur ses deux pieds et un ours sur ses quatre pattes, rapporte, tout fier, son chef-d'œuvre à la maison, et la famille l'admire de confiance. Les hommes compétents ont d'autres prétentions : interrogez notre excellent et sévère professeur de dessin, qui m'écoute ; il vous dira qu'à cet oiseau si solidement campé sur sa branche, à cet ours si bien léché, il préfère une simple ligne droite ou courbe méthodiquement tracée. C'est que ce début si modeste conduira l'élève jusqu'aux dessins les plus compliqués ; c'est déjà de l'art, ou au moins de la science.

Un bon ménétrier jouera fort bien un morceau, même difficile, sur son pauvre violon, parce qu'il l'aura appris et répété cent fois. Mais où cela le mènera-t-il? Le vrai musicien préférera une gamme régulièrement exécutée. Ainsi en est-il pour le dessin. Dans nos écoles, on procède encore trop souvent par routine ; on cherche la voie ; on n'a pas encore de méthode. Ce n'est pas — qu'on veuille bien le remarquer — un reproche que nous faisons aux instituteurs. Lorsqu'on songe que beaucoup d'entre eux ont non-seulement appris le dessin sans maître, mais sont parvenus à l'enseigner, on ne peut que louer leur patience, leur bonne volonté et même leur talent. Il est juste d'ailleurs de reconnaître que bon nombre des œuvres exposées avaient un véritable mérite, et que le dessin d'ornement et le dessin industriel, si utiles aujourd'hui, ont fait d'immenses progrès dans nos écoles. Ce que nous retenons de cette partie de l'Exposition, c'est le zèle, ce sont les bonnes dispositions des maîtres, c'est l'initiative qu'ils ont prise à ce sujet, c'est aussi le goût que montrent les élèves pour cette langue universelle, qui parle aux yeux et qui est entendue de tous. Que nos instituteurs réforment leurs méthodes, qu'ils choisissent leurs modèles avec goût, et que surtout, évitant les succès hâtifs et trompeurs, ils exigent de leurs élèves qu'ils commencent par le commencement, ce qui est plus difficile qu'on ne pense et plus efficace.

Vous voyez, Messieurs, que je ne vous ménage pas la vérité, et je suis sûr que vous m'en saurez gré.

Je me hâte d'ailleurs d'arriver à une partie qui ne mérite presque que des éloges : je veux parler de l'enseignement de la géographie. Ici les progrès sont réels, visibles, je devrais dire palpables. Notre ignorance en cette matière était devenue proverbiale, nous prêtions le flanc aux plaisanteries assez maladroites et surtout très-lourdes de nos voisins, je ne dis pas de nos amis, d'outre Rhin. Mais nous avons mis à profit nos désastres. Dans ces dix dernières années, nous avons fait plus de progrès que dans le demi-siècle précédent : il est vrai que ce sont dix années de République. Le gouvernement républicain a poussé l'instruction dans cette voie ; il a mis à notre disposition les instruments nécessaires : les cartes, les globes ont été distribués par centaines, par milliers dans les écoles.

Des hommes éminents ont agrandi le cadre de la géographie et réformé ses méthodes d'enseignement. Nous sommes loin du temps où l'on se bornait aux divisions territoriales et administratives, et je ne me souviens pas sans honte d'avoir passé pour fort en géographie, parce que j'avais récité d'un bout à l'autre, récité, vous entendez bien, la nomenclature de tous les fleuves de l'Europe avec leur direction, sans avoir jamais ouvert un atlas. Voilà où nous en étions, il y a une quarantaine d'années.

Aujourd'hui, le moindre élève de la moindre école primaire consulte son atlas, il dessine des cartes, il se rend compte des accidents de terrains, et, au lieu d'apprendre de mémoire, il voit de ses yeux ; car c'est ici que la méthode intuitive est surtout ou plutôt exclusivement applicable.

Les cartes géographiques et topographiques, les plans simples ou en relief ont été le véritable et sérieux ornement de notre Exposition. « Les cartes que nous avons eu à examiner, dit le rapport de la Commission, témoignent de qualités réelles. Nous n'avons pas eu, pour ainsi dire, à remarquer de travail sans valeur, et le grand nombre des œuvres tout à fait bonnes, ou originales ou estimables, n'a pas laissé que de nous embarrasser pour le classement. » — Ce jugement porté par des hommes d'une compétence spéciale et exigeants par métier est tout à l'honneur des maîtres, et je suis heureux d'avoir à l'enregistrer. Mais je dois continuer à leur dire la vérité, et, à côté des qualités, signaler les défauts. — « On recherche trop, — dit le même rapport, — l'apparence, l'agrément des couleurs, les enjolivements. On oublie qu'une carte n'est pas un tableau fait uniquement pour plaire, mais un travail sérieux, qui doit avant tout instruire. Le relief du terrain ne ressort pas toujours, et quelquefois un département montagneux comme le nôtre, est représenté comme une vaste plaine, qui ne diffère en rien de la Sologne ou de la Beauce. Voilà pourquoi nous n'avons pas hésité à donner une bonne note à des cartes parfois grossières, mais exactes, rapidement tracées, et à écarter celles qui n'étaient guère que des images. » — Le rapporteur a raison, et nous avons regretté le temps employé à des cartes merveilleusement enluminées, malgré le talent d'exécution qu'elles révélaient. Le temps ! N'oublions pas que nous n'en avons pas de reste à l'école, et employons-le utilement.

Quoi qu'il en soit, la cartographie a été l'un des meilleurs éléments de l'Exposition, et nous dirons aux instituteurs : Persévérez dans cette voie, et aux institutrices : Entrez-y. Car, il faut bien l'avouer, les écoles de filles sont restées, sous ce rapport, inférieures à celles des garçons.

J'arrive à ce que je considère comme la partie essentielle de notre œuvre, les cahiers des élèves. C'est là qu'on prend la classe sur le fait; c'est le tableau exact de l'enseignement et de ses résultats; c'est l'image de la vie quotidienne de l'école. C'est celle qui, sans doute, a le moins piqué la curiosité du public. Mais aussi on voyait courir à ces cahiers les gens sérieux et compétents, et avant tous, les instituteurs et les institutrices. Ils ont été souvent feuilletés et certainement avec fruit. Ils sont loin d'avoir la même valeur. Un grand nombre sont préparés en vue même de l'Exposition : c'est ce qu'on appelle les cahiers corrects. Nous préférons les simples brouillons, l'œuvre même de l'élève. Ces cahiers corrects sont enjolivés d'encadrements, de dessins, d'encres de couleurs diverses. Ce luxe d'ornement n'a pas séduit la commission. Elle s'est attachée à chercher la marche de l'enseignement, à constater la part prise par le maître à la correction des devoirs, les progrès des élèves, le choix des textes, etc.. Cet examen l'a conduite à formuler ce jugement général : « La série et la gradation des devoirs, dans chaque matière, révèlent les efforts constants des maîtres et des élèves. Les corrections que porte chaque devoir montrent l'action incessante du maître, qui devient ainsi le collaborateur de l'élève, au grand profit de celui-ci. » On a remarqué que la matière de l'enseignement qui donnait les moins bons résultats, est celle qui consiste dans les devoirs de style. On comprend, en effet, la difficulté de cet enseignement, lorsqu'il s'adresse à des enfants de neuf à douze ans, à des intelligences à peine naissantes. Et cependant combien il est utile de savoir exposer clairement ses idées, de les lier, d'en faire un ensemble où tout se tient et se suit avec ordre ! Un enfant n'est jamais embarrassé d'exprimer sa pensée, lorsqu'il parle : il ne cherche pas la correction ; il interrompt une phrase commencée, se reprend, revient sur ce qu'il a dit déjà ; tous défauts que supporte la conversation et qui même disparaissent dans la vivacité du dialogue. Mais lorsqu'il s'agit d'écrire sa pensée, c'est-à-dire de la formuler avec précision, avec suite, sans incorrections et sans répétitions, alors l'embarras commence, et encore une fois, il est difficile de guider des enfants dans ce travail intellectuel. Il y faut pourtant faire tous nos efforts ; il faut qu'en sortant de l'école primaire, l'élève sache écrire une lettre, raconter un fait, composer un rapport, en un mot exprimer clairement sa pensée sur les objets et les actes qui occuperont sa vie.

En revanche, la partie scientifique du programme des écoles est étudiée avec succès. Les cahiers nous offrent des opérations d'arithmétique comprises et bien faites, des problèmes usuels exactement résolus, des théorèmes de géométrie clairement exposés, des mesures de surfaces et de solides, des levés de plans, en un mot tout ce qui est immédiatement utile et applicable. Nous signalons avec plaisir cette situation d'une partie importante de l'enseignement. Pourquoi suis-je obligé, ici encore, de constater un regret, celui qu'exprime la commission d'avoir trouvé trop peu de cahiers venant des écoles de filles ? Que les institutrices se hâtent de sortir de cette atonie et de cette infériorité.

Elles ont pris leur revanche, il est vrai, dans une partie qui leur est propre et exclusive, les travaux de couture. Ici je me récuse, car je suis fort mauvais juge en cette matière.

Mais si je me réfère au rapport de la commission composée de personnes d'une compétence indiscutable et d'un goût sûr et exquis, ces travaux sont généralement fort remarquables. Ils formaient la partie charmante et, pour ainsi dire, souriante de notre Exposition. Que de regards ils ont attirés ! Que de cris d'admiration ils ont provoqués ! Car le public les a jugés comme la commission. Il les a même parfois trop appréciés ; nous avons découvert, dans l'un des plus beaux albums de couture, une feuille devenue veuve d'un fort joli carré de dentelle. Je suppose que les doigts habiles qui l'ont si délicatement détachée n'appartenaient pas à une main virile. C'est bien là le plus sincère hommage, mais non le plus honnête, rendu au mérite de ces travaux. Ne croyez pas d'ailleurs que nous n'avons eu à montrer que ces dentelles, ces gazes, ces colifichets, œuvre de tentation pour de trop zélées admiratrices ; à côté de ce luxe, nous avions l'utile, les reprises, les ourlets, le tricot. Là, je dois le dire, rien n'a été dérobé. Mais si cette partie a moins excité la convoitise des visiteurs..... des visiteuses, voulais-je dire, elle a été fort appréciée par la commission. Ce que nous cherchons, en effet, c'est mettre la jeune fille, qui sera un jour femme et mère, à même de raccommoder les vêtements de son mari et de ses enfants, de faire leurs chemises, de tricoter leurs bas, toutes choses qui n'ont rien de bien poétique, mais qui ont le mérite de donner à celles qui les font des habitudes laborieuses et morales, d'enseigner la patience et l'économie, et d'épargner le petit budget de la famille. Voilà ce que la commission a voulu avant tout récompenser. Et songez, Mesdames les Institutrices, que celles qui ont porté ce jugement sont des personnes du meilleur monde, qui n'ont pas besoin de faire elles-mêmes toutes ces choses utiles.

On s'est particulièrement occupé, dans ces derniers temps, du côté matériel et hygiénique des écoles. Des hommes expérimentés, d'habiles médecins ont fait ressortir les inconvénients d'une installation défectueuse, les dangers d'une mauvaise position de l'élève assis à une table trop basse ou trop inclinée ou trop éloignée de sa poitrine ; ils ont constaté les déformations qui en résultaient, inaperçues d'abord chez l'enfant, trop visibles ensuite chez l'homme. L'ordre aussi, la discipline, la direction générale de l'école y sont intéressés. On a pu voir dans notre Exposition quelques modèles nouveaux de tables, de bancs, de sièges isolés. La commission a recherché ici la simplicité : elle a récompensé les auteurs de modèles qui se manient facilement, qui peuvent s'installer sans grands frais et qui surtout réunissent les meilleures conditions hygiéniques.

J'aurais voulu vous parler encore de bien des objets qui ont un rapport plus ou moins direct avec l'instruction ; ces musées scolaires, si utiles pour les leçons de choses, ces collections d'échantillons divers, bois, minéraux, graines, ces herbiers si riches, éléments indispensables de l'enseignement de l'horticulture et de l'agriculture. Il serait intéressant aussi de donner une analyse des travaux particuliers des instituteurs, les nombreuses monographies qu'ils ont rédigées sur les monuments locaux, les faits historiques particuliers à leur contrée, matériaux précieux pour l'histoire de notre département. Enfin, j'aurais dû donner une mention particulière à notre Ecole normale, dont les travaux ont été si remarqués. Mais le temps me presse, et je me reprocherais de fatiguer votre attention.

Je dois pourtant dire un mot d'une matière de l'enseignement, qui a son importance : l'écriture. Nous en avons eu de nombreux échantillons, un entre autre, considéré par tous les juges comme un chef-d'œuvre. Mais nous n'avons pas à former des calligraphes. Ce qu'un enfant doit emporter de l'école c'est une écriture nette, facile, et avant tout lisible. Les méthodes sont nombreuses, mais on peut réduire les genres à deux : l'écriture anglaise, rapide, gracieuse, d'une élégance un peu recherchée et souvent surchargée d'ornements parasites ; l'écriture dite française, souvenir et imitation de nos beaux manuscrits du moyen âge, plus simple que l'autre, et plus mâle, aux jambages pleins et solides, à l'allure posée et sérieuse, et qui offre presque l'apparence et la netteté de la lettre moulée. Et, tout en conservant son caractère simple et pratique, elle a sa beauté propre. Elle possède surtout la qualité essentielle dont je viens de parler. « *On la lit*, disait un enfant, *comme dans un livre*. » C'est ce genre que nous conseillons, en laissant d'ailleurs toute liberté aux maîtres.

Nous pouvons donc dire, non sans quelque fierté, que notre

exposition a atteint son but. Un inspecteur spécial, M. Bonnet, délégué par M. le Ministre de l'Instruction, pour lui en rendre compte, a déclaré qu'elle était *splendide*. Souvenons-nous-en, non pour en tirer vanité, mais pour nous répéter que noblesse oblige, et que nous devons faire mieux encore.

Les établissements d'instruction secondaire se sont associés à notre œuvre et ont fourni leur contingent, quoique l'Exposition n'eût pour objet que l'instruction primaire. Des éditeurs de Paris et des départements nous ont envoyé des livres, des atlas, des compendium. Des diplômes d'honneur leur seront décernés comme témoignage de notre reconnaissance.

Je ne puis terminer ce rapport sans adresser nos sincères remerciements à tous ceux qui ont bien voulu prêter leur concours à notre œuvre. Le Conseil général nous a voté des fonds, les villes de Chaumont, de Langres, de Wassy nous ont donné leur tribut, tribut bien volontaire, celui-là ; des communes, entre autres, celles du canton de Vignory, se sont généreusement associées à ce mouvement. De nombreux souscripteurs nous ont adressé leur offrande. Que tous en soient remerciés ; remerciés surtout de ce qu'ils ont ainsi témoigné de l'intérêt qu'ils portent à l'instruction, ce grand souci de la France, à l'heure actuelle. Nous sommes heureux aussi d'être les obligés des hommes sérieux qui ont accepté la tâche difficile et délicate de juger les travaux exposés, et parmi eux il est juste de citer MM. les inspecteurs primaires qui ont pris la plus lourde tâche et l'ont remplie avec une incontestable compétence. Tous y ont apporté une conscience, un zèle, je dirais presque une passion, qui sont de bon augure pour l'avenir de l'enseignement. Puis-je oublier les dames qui, elles aussi, ont consenti à assumer le rôle de jury et qui nous ont apporté gracieusement l'aide de leur expérience et la sûreté de leur goût. Je dois enfin mentionner mon zélé collaborateur, M. Ferrand, qui s'est chargé de toute l'organisation matérielle.

Vous avez tenu, Monsieur le Préfet, à prendre le haut patronage de notre Exposition. Vous avez voulu donner à l'instruction populaire, à tous ses membres ce témoignage d'affectueux intérêt. Je vous en remercierais, si je n'avais appris dans les relations que me crée avec vous mon service, combien vous êtes dévoué de conviction et de cœur à cette grande cause de l'instruction.

Et vous, maîtres et maîtresses de l'enfance, vous qui êtes les héros de cette fête du travail, laissez-moi penser que vous emporterez de cette journée un souvenir salutaire et durable. Vous voyez que de tous côtés, depuis les plus humbles jusqu'aux plus haut placés dans notre organisation sociale, on se préoccupe de ce que vous faites. C'est que l'on comprend que vous tenez entre vos mains notre avenir. Ces enfants que vous instruisez seront bientôt des hommes, des citoyens, des mères de famille ; ils feront nos destinées, ou plutôt c'est vous qui les préparez en ce moment. Que la pensée de cette haute et redoutable responsabilité soit toujours présente à vos esprits. N'oubliez jamais que votre première obligation, votre constant souci doit être d'inspirer à vos élèves le sentiment du devoir, l'amour sincère de la Patrie, le respect des institutions qu'elle s'est librement données, et de gagner des âmes à notre jeune République.

Discours de M. le Préfet.

Mesdames, Messieurs,

De toutes les graves questions qui s'agitent à notre époque, il n'en est point peut-être de plus importantes que celles qui sont relatives à l'enseignement public ; il n'en est point dans tous les cas qui passionnent davantage les esprits.

L'année qui s'écoule a déjà vu dans cet ordre d'idées s'accomplir de sérieuses réformes. Elles ont donné lieu à d'ardentes polémiques. On a parlé d'atteintes portées à la liberté, aux droits des pères de famille ; on a répété que les Républicains érigeaient l'athéisme en système, qu'ils voulaient chasser Dieu de l'école; on a prononcé le mot de persécution.....

Ces accusations systématiques ne reposent sur aucune base sérieuse. Et puisque je parle aujourd'hui, non devant de jeunes élèves, dont ces questions dépasseraient la portée d'intelligence, mais devant les maîtres qui les instruisent, l'occasion m'est bonne pour les réduire à leur juste valeur.

En ce qui concerne l'enseignement supérieur et secondaire, une loi récemment votée, restitue à l'Etat le droit de conférer les grades universitaires, et réorganise les conseils de l'instruction publique. Rien de plus.

Est-ce que cette loi modifie profondément la législation antérieure? Est-ce qu'elle constitue une innovation grave, une atteinte portée aux principes libéraux?

Examinons et comparons, et pour cela jetons un coup d'œil rapide sur le passé.

L'Université a été fondée par un décret du 17 mars 1808.

L'enseignement public était exclusivement confié à l'Université. Aucun établissement quelconque d'instruction ne pouvait être fondé en dehors d'elle, et sans le consentement de son chef. Elle seule pouvait conférer des grades.

Les gouvernements monarchiques qui se sont succédé jusqu'en 1850, se sont bien gardés de toucher à cette forte législation. Ils n'ont jamais permis qu'aucune atteinte y fût portée.

Et lorsque, sous le règne de Charles X, ce roi qui protégeait les jésuites, mais qui n'hésita pas cependant à leur appliquer les lois existantes, la Congrégation tenta de s'emparer de la direction de l'instruction publique, un pair de France, qui jouait alors un rôle considérable et dont le dévouement au trône et à l'autel ne pouvait être mis en doute, M. Lainé, déclara, dans la séance du 4 juillet 1826, qu'on ne pouvait tolérer qu'une corporation, prohibée par les lois, usurpât les droits de l'Université, qu'on ne le pouvait pas, surtout alors que le danger de ses doctrines avait été signalé par le ministre lui-même. Et ce ministre de l'instruction publique était l'évêque d'Hermopolis, car alors les évêques étaient universitaires et le clergé gallican. (Vifs applaudissements.)

L'Etat conserva le monopole de l'enseignement jusqu'en 1850. C'est alors que, sous une République dont le président devait bientôt devenir empereur, une Chambre monarchique, plus dévouée aux intérêts des congrégations qu'à ceux de l'Etat, décréta cette liberté de l'enseignement, dont le président Bonjean, de libérale mémoire cependant, disait dans un document récemment publié : « qu'elle avait porté une grave atteinte aux idées modernes, et que le premier gouvernement qui aurait la main ferme, n'hésiterait pas à la supprimer. »

Cette importante victoire remportée, les émules, je pourrais dire les adversaires de l'Université, ne se déclarèrent pas satisfaits.

En 1867, ils tentèrent d'obtenir la liberté de l'enseignement supérieur. Le gouvernement impérial la leur refusa catégoriquement.

Ce fut encore, sous la République, une assemblée animée du même esprit que celle de 1850, composée du reste, en grande partie, des mêmes hommes, qui s'empressa de la leur accorder. La loi de 1875 autorisa la création des facultés catholiques, avec droit de conférer les grades.

La République, si forte aujourd'hui, se propose-t-elle de reprendre ce qui lui a été arraché, quand elle était faible et désarmée?

Le gouvernement demande-t-il l'abrogation des lois de 1850 et de 1875 ? Veut-il reconstituer le monopole de l'Université, tel qu'il existait sous l'Empire, sous la Restauration, sous le gouvernement de Juillet?

En aucune façon.

Et cependant, Messieurs, que de choses on pourrait dire à ce sujet ! Avant 1850, il n'existait pour ainsi dire que des établissements universitaires, d'où sont sorties tant de générations profondément imbues de l'esprit libéral. Depuis, nous avons vu surgir, de tous côtés, des établissements rivaux, et l'esprit d'une partie de ce qu'on nommait autrefois les classes dirigeantes, s'est singulièrement modifié !

Mais je ne veux pas insister sur ce point. Je me borne à constater que, quelle que soit la situation, le gouvernement n'a voulu porter aucune atteinte à la liberté de l'enseignement.

Il s'est borné à reprendre le droit de conférer les grades, et quoi de plus juste et de plus logique, dans un pays où le diplôme de licencié et de docteur est une condition indispensable d'admissibilité pour un grand nombre de fonctions publiques, et comporte, en ce qui concerne les professions libérales, une véritable garantie de la part de l'Etat.

Une seconde réforme a été faite. Le Conseil supérieur de l'Instruction publique a été réorganisé. Il est exclusivement composé d'éléments laïques et universitaires. (Applaudissements répétés.)

Lorsque l'Université jouissait d'un monopole, il n'était que juste qu'elle appelât le clergé dans ses conseils.

Mais les lois de 1850 et de 1875 ont permis au clergé séculier ou régulier, de fonder de nombreux établissements rivaux, qui ont leur administration propre, à laquelle l'Université n'est jamais appelée à collaborer ; où son droit légal d'inspection ne peut même s'exercer qu'avec les plus grandes difficultés. Il est donc logique qu'elle ne permette pas chez elle une ingérance que ses concurrents n'admettent point chez eux. (Applaudissements.)

J'ai hâte d'aborder, Messieurs, les questions relatives à l'enseignement primaire, qui vous intéresse plus directement.

Sans les connaître, on a violemment incriminé les projets du gouvernement.

On a dit : que 44,000 congréganistes allaient être, dans un bref délai, chassés des écoles et que, dans tous les cas, ils n'y pourraient demeurer en présence des programmes anti-religieux qui leur seraient imposés.

Ce sont là de pures déclamations inspirées par l'esprit de parti.

Nous n'avons pas à nous occuper des opinions individuelles, ni même des projets émanés de l'initiative parlementaire, mais seulement des lois votées, proposées ou acceptées par le gouvernement.

Trois projets sont en discussion.

Le premier est relatif à la suppression de la lettre d'obédience, le second à la gratuité, le troisième à l'obligation de l'enseignement, et à ce qu'on a nommé la laïcisation des programmes scolaires.

La première de ces lois a déjà été votée par la Chambre, dans sa séance du 28 juillet.

Elle dispose : que nul ne peut exercer les fonctions d'instituteur titulaire ou adjoint, d'institutrices titulaires ou adjointes, dans une école publique ou libre, de directrice ou sous-directrice de salle d'asile, s'il n'est pourvu du brevet de capacité. (Applaudissements prolongés.)

Un article, ajouté au cours de la discussion, dispense du brevet les institutrices d'école ou de salle d'asile ayant 45 ans d'âge et 10 ans d'exercice.

La loi ne supprime donc pas, comme on l'a prétendu, les instituteurs congréganistes, elle n'abolit que le privilège de la lettre d'obédience, ce qui du reste, n'atteint pas les titulaires qui sont tous pourvus du brevet.

Cette suppression de la lettre d'obédience, n'est même pas une innovation ; ce n'est qu'un retour à la législation antérieure à 1850.

Le décret de 1808 autorise les frères à enseigner, mais sous la condition qu'ils seront brevetés par le grand-maître de l'Université.

C'est le gouvernement de la Restauration qui, en 1816, a créé la lettre d'obédience, mais avec l'obligation de la faire agréer par le recteur de l'académie.

La loi de 1833 la supprime et rend le brevet obligatoire.

Toutefois, à raison des difficultés de recrutement du personnel enseignant, l'ordonnance de 1836 l'admet pour les institutrices, mais en la subordonnant à l'acceptation de l'autorité académique.

Avec la loi de 1850, cette loi dont je vous parlais, il n'y a qu'un instant, et dont les auteurs n'étaient pas animés d'un bien grand amour de la démocratie, car ils avaient déjà morcelé le suffrage universel, ce qui n'avait été qu'une tolérance, entourée de sages précautions, devint un droit.

Le privilège de la lettre d'obédience est légalement établi.

L'effet ne tarde pas à se faire sentir. En 1843, il y avait 11,000 congréganistes. Après 1850, ce chiffre est rapidement porté à 30,000. Il est aujourd'hui, tant dans les écoles publiques que libres de 44,000, dont 38,000 sans brevet.

La loi nouvelle que M. Jules Simon, alors ministre de l'instruction publique, avait déjà, mais sans succès, présentée en 1871, n'est qu'un retour à la législation de 1833. Elle détruit un privilège injustifiable, et qui donnait parfois lieu à d'étranges abus, puisqu'il y a peu de temps, dans un département voisin, trois jeunes gens, parfaitement illettrés, ont pu se prévaloir de lettres d'obédience, pour contracter l'engagement décennal et réclamer l'exemption du service militaire.

La loi est donc équitable. Elle rétablit entre les instituteurs une égalité nécessaire, en donnant aux familles les garanties de capacité qu'elles sont en droit d'exiger. (Applaudissements.)

L'Etat, du reste, n'admet, ne reconnaît qu'un seul enseignement, celui qui est donné conformément à ses programmes et à ses règlements, et sous sa surveillance. Il ne fait point de distinction entre laïques et congréganistes, il ne voit dans tous les instituteurs, quelle que soit leur origine, que des fonctionnaires ayant tous les mêmes droits et les mêmes devoirs. Il donne à tous une égale protection, comme il exige de tous le même dévouement et la même obéissance. (Applaudissements.)

Je ne dirai rien de la gratuité. La question est toute financière.

J'arrive à l'obligation. On a dit, et l'argument n'est pas nouveau, qu'elle portait atteinte à la liberté du père de famille.

C'est une objection que, pour ma part, je n'ai jamais bien comprise.

Celui qui, par négligence ou tout autre motif inavouable, prive son enfant des bienfaits de l'instruction, ne mérite guère que l'on prenne si chaleureusement sa défense. (Applaudissements.)

Le droit de l'enfant est au moins égal à celui du père.

Un droit incontestable, dans tous les cas, c'est celui de la Société. L'intérêt public prime l'intérêt individuel.

C'est en vertu de ce droit et de cet intérêt, que l'Etat prend chaque année toute la jeunesse du pays pour le service militaire. L'enfant, péniblement élevé jusqu'à l'âge de vingt-ans, part et pour longtemps, quelquefois pour des pays lointains. S'il arrive que la guerre éclate, il peut ne jamais revenir. Et personne ne se plaint, personne ne songe à prétendre que le père a le droit de garder son enfant. Pourquoi ? Parce qu'il s'agit de l'intérêt général, de la défense de la patrie !

Cet intérêt est-il donc moins grand, lorsqu'il s'agit de la paix intérieure ? L'instruction est un gage de sécurité sociale, car ce sont les ignorants qui font les révolutions sans lendemain, et qui sont les complices inconscients des coups d'Etat. (Applaudissements.)

L'instruction est nécessaire au point de vue social comme au point de vue politique. Dans un Etat démocratique, dans un pays de suffrage universel, l'instruction s'impose au point de vue de la connaissance des droits, des devoirs et de la responsabilité.

Et croyez-moi, Messieurs, le jour prochain, où tout citoyen pourra peser son vote, en mesurer toutes les conséquences, le jeu régulier des institutions républicaines sera définitivement assuré, la stabilité sera garantie pour toujours. (Vifs applaudissements.)

Ce résultat, nous l'avons déjà presque obtenu, si l'on en juge par les progrès de l'esprit politique dans notre pays, et par ces élections consécutives qui témoignent d'une volonté calme et réfléchie qui, depuis dix années, ne s'est jamais démentie. (Applaudissements.)

J'arrive maintenant, Messieurs, et pour terminer, à ce qu'on est convenu de nommer la laïcisation des programmes.

Lors des récents débats qui ont eu lieu à la Chambre des députés, on a dit : qu'à la vérité, on ne supprimait pas les instituteurs congréganistes, mais qu'en réalité, si les programmes étaient adoptés, ni un frère, ni une sœur ne pourraient rester après le 1er janvier 1884.

On n'en comprend pas très-bien la raison.

Les programmes, tels du moins qu'ils sont proposés par la Commission parlementaire, contiennent, il est vrai, d'assez importantes innovations, dont le but évident est de rendre l'instruction plus pratique, plus utile par conséquent à celui qui la reçoit.

En ce qui concerne l'étude de l'histoire, par exemple, beaucoup de bons esprits pensent que, sans proscrire l'histoire sainte et celle des premiers temps de la monarchie française, il convient de passer assez rapidement sur des faits d'une authenticité souvent douteuse, et de réserver plus de place à l'histoire contemporaine ; qu'il est tout à fait anormal que l'enfant connaisse parfaitement les douze tribus d'Israël, Pharamond ou Clodomir, ce qui lui sera dans la vie d'une médiocre utilité, lorsqu'il ignore, ou à peu près, quels régimes se sont succédé en France depuis 80 ans, et confond presque certainement la date du coup d'Etat, avec celle de la proclamation de l'Empire.

Il est bien certain également qu'il y a quelque intérêt à ce que l'enfant, appelé à vivre dans un état démocratique issu de la Révolution française, ne soit pas élevé dans cette idée que cette révolution fut un crime et le 14 juillet 1789, sa date initiale, un jour de malheur. (Applaudissements répétés.)

Nul n'est censé ignorer la loi, et cependant, sauf les spécialistes, personne ne l'apprend. Cette lacune sera comblée ; on donnera aux jeunes élèves quelques notions élémentaires de droit.

On leur enseignera les éléments des sciences naturelles, physiques et mathématiques, dans leur application à l'agriculture, à l'hygiène, aux arts industriels ; les travaux manuels ; l'usage des principaux outils et des principaux métiers ; les éléments du dessin et de la musique ; la gymnastique ; les exercices militaires.

Le programme comprend encore l'instruction civique, c'est-à-dire l'exposé de la constitution, de l'organisation civile, administrative, financière, militaire et politique de notre pays, des droits et des devoirs du citoyen. (Applaudissements.)

Aux Etats-Unis, la première chose qu'on enseigne aux enfants, c'est la Constitution de leur pays.

N'est-ce pas en effet la loi fondamentale que nul ne doit ignorer ? (Applaudissements).

Je cherche en vain dans ce programme ce qui peut paraître subversif et dangereux aux esprits les plus timorés. Sa mise à exécution ne saurait du reste être immédiate, elle sera l'œuvre du temps.

Ce qui, en réalité, a soulevé les plus vives récriminations, c'est cette disposition insérée au projet de loi sur l'obligation : qu'à l'avenir l'instruction religieuse ne serait plus donnée dans les écoles ; que les enfants la recevraient, au gré de leurs parents, à des heures laissées libres à cet effet.

Cette disposition du reste n'a pas été acceptée par M. le Ministre de l'instruction publique, qui a proposé la rédaction suivante, qui n'est autre que celle de la loi de 1833 :

« L'enseignement religieux ne fait plus partie des matières obligatoires de l'enseignement primaire.

« Le vœu des pères de famille sera toujours consulté et suivi en ce qui concerne la participation des enfants à l'instruction religieuse.

« Cette instruction sera donnée aux élèves par les ministres des différents cultes, aux heures et conditions déterminées par les règlements, soit dans les édifices consacrés au culte, soit, si les ministres du culte le demandent, dans les locaux scolaires. »

On ne supprime donc pas, comme on l'a dit, l'enseignement

religieux, on le confie simplement à ceux qui ont qualité pour le donner. (Vifs applaudissements.)

« Il n'est point question, dans mon projet, disait M. le ministre de l'instruction publique, le 28 juillet dernier, de supprimer l'enseignement religieux. C'est là qu'est l'équivoque, presque la calomnie.

« Il est question de faire donner cet enseignement par les ministres des cultes, et non plus par les instituteurs.

« Il est question de remettre l'enseignement religieux à celui-là seul qui a qualité pour le donner.

Il est question d'étendre à l'école le système qui régit tous les établissements secondaires. » (Applaudissements.)

Et le rapporteur de la loi, M. Paul Bert, disait, non plus à la Chambre, mais dans une conférence publique :

« Comme particulier, je puis ne pas avoir le respect théorique de l'enseignement religieux ; mais, comme législateur, j'ai le devoir d'en avoir le respect pratique. Si je ne respectais pas le droit de ceux qui, de bonne foi, donnent cet enseignement qu'ils considèrent comme nécessaire, et le droit de ceux qui veulent que leurs enfants le reçoivent, je violerais la liberté de conscience. Si j'agissais ainsi, moi républicain, moi fils de la Révolution, je n'aurais plus de raison d'être, ni le droit de parler. » (Applaudissements.)

Ai-je besoin d'ajouter un seul mot !

Toutes les craintes que l'on manifeste sont donc chimériques ; je pourrais même dire qu'elles sont volontairement exagérées. Faut-il s'en étonner, quand en réalité la question touche de si près à la politique ? quand il s'agit, pour les partisans des monarchies déchues, pour les adversaires de la démocratie triomphante, de perdre le peu d'influence qui pouvait leur rester ! Quand, ne pouvant plus arrêter l'essor de l'instruction populaire, ils doivent en même temps renoncer à la diriger ! (Applaudissements.)

C'est sur vous, messieurs les instituteurs, c'est sur vous, mesdames, sur vous tous dont nous connaissons le zèle, l'intelligence et le dévouement, que nous comptons pour former ces générations fortes, espoir de notre jeune République, pour leur donner en même temps que la notion de leurs droits et de leurs devoirs, les connaissances variées et usuelles, qui élèvent le cœur, fortifient l'intelligence, et font les hommes utiles et les bons citoyens.

Et lorsque vous retournerez dans vos communes, dans ces communes qui comprennent si bien la nécessité de l'instruction, qui, pour l'étendre, ne reculent devant aucun sacrifice ; vous leur direz que l'Etat a beaucoup fait et qu'il veut faire plus encore ; vous leur ferez connaître les véritables intentions du gouvernement, si étrangement dénaturées ; et si quelqu'un venait encore parler d'athéisme et d'école sans Dieu, vous répondriez en citant les mots que prononçait, il y a peu de jours, l'illustre Président de la République, de la parole duquel personne n'a jamais douté :

« Vos appréhensions ne sont point fondées, et la religion et le clergé ne sont en rien menacés... La liberté religieuse, n'en ayez nul souci, rien ne la menace, ni en fait, ni dans les intentions du gouvernement. » (Triple salve d'applaudissements.)

PALMARÈS

EXPOSITION UNIVERSELLE
ANNÉE 1878.

ENSEIGNEMENT PRIMAIRE

Arrêté ministériel du 1ᵉʳ mai 1879.

Médaille d'or de 100 francs.

M. Demimuid, instit. à Langres. — Mémoire sur l'Exposition.

Prix en livres.

M. Parison, instit. à Bourbonne. — Mémoire sur l'Exposition.

Lettre d'encouragement.

M. Voillemin, instit. à Prauthoy. — Mémoire sur l'Exposition.

Arrêté ministériel du 10 mai 1879.

Grandes Lettres de félicitations.

MM. les Instituteurs du département de la Haute-Marne. — Plans et notices historiques.

les Instituteurs du canton d'Arc-en-Barrois. — Plans des communes du canton.

Médaille de vermeil.

Ecole normale d'instituteurs à Chaumont. — Devoirs d'élèves-maîtres et programmes d'enseignement.

Médailles d'argent (grand module).

MM. Demimuid (Charles), instituteur à Saint-Urbain. — Travaux sur l'agriculture et devoirs d'élèves.
Demimuid (Pierre), instituteur à Eclaron. — Travaux sur l'agriculture et devoirs d'élèves.

Médailles d'argent (petit module).

MM. Beauvière, instituteur à Troisfontaines. — Enseignement des adultes.
Ecole professionnelle de Langres. — Enseignement du dessin.

Mention très-honorable.

Sœurs de la Providence de Langres. — Travaux à l'aiguille.

Mentions honorables.

MM. Andrieux, instit. à Laferté-sur-Aube. — Dictées agricoles.)
Arbillot, instituteur à Chalindrey. — Travail personnel.
Talmet, instituteur à Doulaincourt. — Devoirs d'élèves.
Vougny, instit. à Châteauvillain. — Travaux personnels.

EXPOSITION SCOLAIRE DÉPARTEMENTALE

ANNÉE 1879.

DISTINCTIONS HONORIFIQUES

Officier de l'instruction publique.

Arrêté ministériel du 14 juillet 1880.

M. Ferrand, Commis de l'Inspection académique de Chaumont.

DIPLOME D'HONNEUR.

Etablissements.

Lycée de Chaumont.
Collège de Langres.
Collège de Wassy.
Ecole normale primaire de Chaumont.
Cours normal d'institutrices de Chaumont.
Institution primaire libre de Malroy.
Société de géographie à Paris.

Particuliers.

MM. Guiot, professeur de dessin à Chaumont.
Alizard, professeur de dessin à Langres.
Ragot, sculpteur à Chaumont.
Plateau, inspecteur primaire à Langres.
Frère Alrich-Julien, instituteur-adjoint à Langres.
Frère Vial, instituteur au noviciat d'Annecy.

MM. Cordebard, ancien sous-officier à Chaumont.
Deyrolle, naturaliste à Paris.
Walcker, bazar du voyage à Paris.
Pinel, luthier à Chaumont.
Lamblin, horticulteur à Chaumont.
Maine, étalagiste à Chaumont.
Les Instituteurs du canton d'Arc.

LIBRAIRES :

MM. André-Guédon, à Paris.
Belin (Eugène), à Paris.
Bernheim, à Paris.
Colin (Armand), à Paris.
Dallet (Jules), à Langres.
Delagrave (Charles), à Paris.
Delalain, à Paris.
Fouraut, à Paris.
Gedalge, à Paris.
Godchaux, à Paris.
Hachette, à Paris.
Lacroix (Eugène), à Paris.
Lahure, à Paris.
Monrocq, à Paris.
Renouard, à Paris.

Médaille de vermeil avec le prix Sommelet.

M. Ferrand, Commis de l'Inspection académique à Chaumont. — Statistique des conscrits illettrés de la Haute-Marne, avec carte teintée.

INSTITUTEURS.

Rappel de médaille d'or avec prix de M. le Ministre.

MM. Demimuid, à Saint-Urbain. — Devoirs, Cartes, Dessin linéaire, Agriculture, Statistique agricole.

MM. Demimuid, à Langres. — Devoirs, Cartes, Monographie, Agriculture et horticulture.

Leclère, à Baudrecourt. — Sténographie, Dessin d'imitation.

Médaille d'or.

MM. Vougny, à Châteauvillain. — Devoirs, Dessin d'imitation, Dessin linéaire, Agriculture et Horticulture, Monographie, Matériel d'enseignement.

Guillemin, à Foulain. — Cartes, Dessin d'imitation, Dessin linéaire.

Jannel, à Montlandon. — Agriculture et horticulture.

Médaille de vermeil avec prix de M. le Ministre.

MM. Beaudoin, à Vecqueville. — Devoirs, Dessin d'imitation, Dessin linéaire, Matériel d'enseignement.

Brigant, à Noncourt. — Devoirs, Cartes, Agriculture, Statistique agricole.

Carlin (Ulysse), à Laneuville-à-Remy. — Devoirs, Dessin d'imitation, Programme et emploi du temps.

Choquard, à Orges. — Devoirs, Horticulture.

Hanin, à Joinville. — Devoirs, Dessin d'ornement, Dessin linéaire.

Maitrot, à Wassy. — Devoirs, Dessin d'ornement, Dessin d'imitation.

Morez, à Melay. — Devoirs, Dessin d'ornement.

Parison, à Bourbonne-les-Bains. — Devoirs, Dessin linéaire, Caisse d'épargne scolaire, Caisse des écoles.

Renard, à Millières. — Devoirs, Agriculture et Horticulture, Programme et emploi du temps, Monographie.

Médaille de vermeil.

MM. Ronot, à Germaines. — Agriculture et horticulture.

Piot, à Sarcicourt. — Agriculture et horticulture.

Médaille d'argent (grand module).

MM. André, à Arc-en-Barrois. — Cartes.
Andrieux, à Laferté-sur-Aube. — Devoirs, Cartes, Musée scolaire.
Bertrand, à Choignes. — Dessin linéaire.
Blanchard, à Lanty. — Devoirs, Agriculture et horticulture.
Bourgeois, à Clefmont. — Agriculture.
Carlin (Arsène), à Louvemont. — Devoirs, Dessin d'imitation, Dessin linéaire.
Depetasse, à Fayl-Billot. — Devoirs, Monographie, Calligraphie.
Gelin, à Chalvraines. — Cartes.
Loiseaux, à Juzennecourt. — Devoirs, Caisse d'épargne scolaire, Agriculture, Statistique agricole.
Massenet, à Marcilles. — Devoirs, Agriculture.
Petit, à Nogent-le-Roi. — Devoirs, Dessin d'imitation, Caisse d'épargne scolaire.

Médaille d'argent (petit module).

MM. Albert, à Montheries. — Devoirs, Cartes.
Belgrand, à Chamouilley. — Devoirs, Agriculture.
Bichat, à Puellemontier. — Agriculture et horticulture.
Debricon, à Briaucourt. — Monographie.
Ducret, frère Voël, à Langres. — Cartes, Dessin linéaire, Matériel d'enseignement.
Durand, à Fayl-Billot. — Dessin d'ornement.
Guillemin, à Vesaignes-sur-Marne. — Dessin d'imitation.
Jeanniot, à Chantraines. — Herbier.
Lepage, à Montiérender. — Devoirs, Dessin d'imitation, Dessin d'ornement.
Mariotte, à Valdelancourt. — Cartes.
Masson, à Soncourt. — Monographie.
Paris, à Coiffy-le-Bas. — Devoirs.

MM. Paturel, à Ageville. — Devoirs.
 Poullet, à Varennes. — Devoirs, Cartes, Horticulture.
 Terlet, frère Bernard de Jésus, à Chaumont. — Devoirs, Dessin linéaire.
 Vandangeot, à Sarrey. — Dessin d'imitation, Dessin linéaire.
 Viard, à Domblain. — Horticulture, Dessin d'ornement, Monographie.
 Yenveux, à Perrogney. — Devoirs, Agriculture, Dessin d'imitation.

Médaille de bronze.

MM. Bruillon, à Forcey. — Monographie.
 Charles, à Chaumont. — Devoirs.
 Cothenet, à Chatoillenot. — Devoirs, Dessin d'ornement.
 Dallemagne, à Richebourg. — Cartes.
 Dassigny, à Aprey. — Devoirs.
 Desloges, à Levécourt. — Agriculture.
 Drioux, à Andelot. — Cartes, Caisse d'épargne scolaire.
 Esmard, à Mandres. — Devoirs.
 Faipoux, à Mennouveaux. — Devoirs.
 Frionnet, à Maizières-sur-Amance. — Horticulture.
 Gauché, à Brachay. — Cartes.
 Gérard, à Guindrecourt-aux-Ormes. — Devoirs.
 Guillaume, à Créancey. — Cartes.
 Larcelet, à Hallignicourt. — Dessin linéaire.
 Leseur, à Rolampont. — Devoirs, Agriculture, Dessin d'imitation.
 Notat, à Laferté-sur-Amance. — Devoirs, Horticulture, Dessin d'imitation.
 Perron, à Voisey. — Cartes, Horticulture.
 Petitfour, à Orquevaux. — Devoirs.
 Robert, à Germay. — Devoirs.
 Robin, à Leffonds. — Cartes.
 Salmon, à Bourmont. — Devoirs, Dessin d'ornement.

MM. Sarrazin, frère Jean-de-Dieu, à Saint-Dizier. — Devoirs, Cartes et Tableau.
Talmet, à Doulaincourt. — Devoirs, Cartes, Agriculture.
Voillemin, à Prauthoy. — Devoirs, Cartes, Dessin linéaire.

Mention honorable

MM. Bastaille à Lénizeul. — Cartes.
Beauvière à Ambonville. — Matériel d'enseignement.
Bellavoine, à Nully. — Cartes.
Bertrand, à Rivières-les-Fosses. — Dessin d'ornement.
Blanchot, à Vauxbons. — Tableaux de minéraux.
Bourgeois, à Vroncourt. — Monographie.
Bulard, à Cirey-sur-Blaise. — Monographie.
Camus, à Pressigny. — Devoirs.
Collas, à Valcourt. — Monographie.
Conel, frère Namasianus, à Neuilly-l'Evêque. — Dessin d'ornement.
Delaumone, à Frampas. — Dessin d'ornement.
Depetasse, à Cusey. — Monographie.
Favret, à Humbécourt. — Dessin d'imitation.
Ferrand, à Clinchamp. — Cartes.
Gardiennet, à Ormancey. — Herbier.
Géry, à Cirfontaines-en-Azois. — Cartes.
Grapinet, à Luzy. — Horticulture.
Grégoire, à Harréville. — Cartes.
Hadet, à Braux. — Cartes.
Heuret, à Bologne. — Monographie.
Legros, à Aubepierre. — Dessin linéaire.
Lemorge, à Longeau. — Dessin d'imitation.
Lesourd, à Saint-Dizier. — Tableau de chimie.
Mercier, à Graffigny-Chemin. — Plan en relief de maison d'école.
Michel, à Marault. — Devoirs, Cartes.
Piot, à Blaise. — Cartes.

MM. Rabiet, à Bourg-Ste-Marie. — Cartes.
Renard, à Vicq. — Devoirs.
Royer, à Cuves. — Devoirs.
Simon, à Courcelles-en-Montagne. — Devoirs.
Varney, à Bannes. — Boulier-compteur.
Viard, à Roches-sur-Marne. — Horticulture.

INSTITUTRICES.

Médaille de vermeil.

Mme Molandre, sœur Caroline, à Doulaincourt. — Travaux à l'aiguille, Dessin d'imitation.

Médaille d'argent (grand module.)

Mlle Noël, Céline, à Chaumont. — Carte, Dessin d'imitation, Travaux à l'aiguille.
Mmes Paillet, sœur Bathilde, à Chaumont. — Travaux à l'aiguille.
Bernard, sœur Prudence, à Sommevoire. — Travaux à l'aiguille.
Sibien, sœur Barnabé, à Langres. — Travaux à l'aiguille.
Paturel, née Garnier, à Ageville. — Devoirs, Travaux à l'aiguille.

Médaille d'argent (petit module.)

Mme Mouilleseaux, sœur Eusèbe, à Orquevaux. — Travaux à l'aiguille.
Mlles Mugnier, Julie, à Biesles. — Travaux à l'aiguille.
Munier, Eugénie, à Vecqueville. — Cartes, Travaux à l'aiguille.
Mme Pierson, sœur Léontine, à Eurville. — Travaux à l'aiguille.
Mlle Rasquin, Marie, à Mandres. — Travaux à l'aiguille.
Mmes Remy, sœur Marie-Paul, à Rimaucourt. — Travaux à l'aiguille.
Valence, sœur Saint-Hilaire, à Bourmont. — Travaux à l'aiguille.

Médaille de Bronze.

Mme Charnot, sœur Anne-Joseph, à Saint-Dizier. — Travaux à l'aiguille.

Mlle Maillot, Louise à Leffonds. — Devoirs.

Mmes Hacard, sœur Imelda, à Aillianville. — Travaux à l'aiguille.

Mathenet, sœur Claire-d'Assise, à Arc-en-Barrois. Travaux à l'aiguille.

Yard, sœur Marie-Hippolyte, à Fayl-Billot. — Devoirs, Dessin d'ornement, Travaux à l'aiguille.

Mention honorable.

Mmes Bailly, sœur Herminie, à Châteauvillain. — Travaux à l'aiguille.

Courtaut, sœur Olympe, à Châteauvillain. — Devoirs.

Gauthier, sœur Jean-de-Kenty, à Saint-Loup. — Travaux à l'aiguille.

Pineau, sœur Placide, à Donjeux. — Travaux à l'aiguille.

Remy, sœur Monique, à Fresnes-sur-Apance. — Travaux à l'aiguille.

ÉLÈVES.

Des récompenses consistant en *livres, atlas*, etc., seront accordées aux élèves les plus méritants des écoles dirigées par les lauréats de l'Exposition et seront distribuées par les soins de M. l'Inspecteur d'académie.

DISTINCTIONS UNIVERSITAIRES ET RÉCOMPENSES
DÉCERNÉES AUX INSTITUTEURS ET INSTITUTRICES QUI SE SONT LE PLUS DISTINGUÉS DANS LA DIRECTION DE LEUR CLASSE.

Année 1876-1877.

(Arrêté ministériel du 4 décembre 1877).

INSTITUTEURS.

Médaille d'argent.

M. Lepage, Hubert-Jean-Baptiste, à Montiérender.

Médaille de bronze.

MM. Collin, Charles-Brice, à Maizières-les-Joinville.
Notat, Julien-Jean-Baptiste, à Laferté-sur-Amance.

Mention honorable.

MM. Paturel, Hector-Justin, à Ageville.
Petit, Nicolas-Arthur, à Nogent-le-Roi.
Rouge, Paul-Achille, à Saint-Blin.
Perron, Pierre-François, à Voisey.
Lorain, Alfred, à Blumerey.

INSTITUTRICES.

Médaille d'argent.

Mlle Vauthelin, Marie-Anne, à Rochetaillée.

Médaille de bronze.

Mme Dallemagne, sœur Eusèbe, à Aubepierre.

Mention honorable.

Mlle Thiaillier, Marie-Justine, à Charmes-la-Grande.
Mme Houillon, sœur Blandine, à Manois.
Féraud, sœur Sainte-Sophie, à Reynel.

DIRECTRICE DE SALLE D'ASILE.

Mention honorable.

Mme Chaumont, sœur Eulalie, à Langres.

Année 1877-1878.

(Arrêté ministériel du 15 décembre 1878).

INSTITUTEURS.

Médaille d'argent.

Matherot, Martin-François, à Bologne.

Médaille de Bronze.

MM. Leblanc, Louis-Victor, à Roches-sur-Rognon.
Bernard, Joseph-Martin, à Eurville.

Mention honorable.

MM. Choquard, Emile, à Orges.
Michel, Jean-Baptiste-Victor, à Marault.
Simon, Gustave-Joseph, à Courcelles-en-Montagne.
Magnien, Jean-Baptiste, à Frèsnes-sur-Apance.
Grégoire, Jean-Baptiste, à Harréville.

INSTITUTRICES.

Médaille de bronze.

Mlle Magnien, Henriette-Marie, à Prez-sous-Lafauche.

Mention honorable.

Mme Mortet, sœur Philippe, à Bologne.
Mlle Normand, Marie-Anastasie, à Poinson-les-Fayl.
Mme Galissot, sœur Pauline, à Chamouilley.

DIRECTRICES DE SALLES D'ASILE.

Médaille de bronze

Mme Mengin, sœur Marie-Thérèse, à Bourbonne-les-Bains.

Mention honorable

Mme Cherrier, sœur Aurélien, à Saint-Dizier.

Année 1878-1879.

DISTINCTIONS UNIVERSITAIRES.

Officiers d'académie.

(Arrêté ministériel du 9 janvier 1879).

M. Voillemin, instituteur à Romain-sur-Meuse.

(Arrêtés ministériels du 5 août 1879).

MM. Demimuid, instituteur à Langres.
Parison, instituteur à Bourbonne-les-Bains.

(Arrêté ministériel du 29 décembre 1879).

M. André, instituteur à Arc-en-Barrois.

RÉCOMPENSES HONORIFIQUES.

(Arrêté ministériel du 14 janvier 1880).

INSTITUTEURS.

Médaille d'argent.

M. Charles, Claude-Augustin, à Chaumont.

Médaille de bronze.

MM. Demimuid, André-Charles-Julien, à Saint-Urbain.
Andrieux, Ernest-Laurent, à Laferté-sur-Aube.

Mention honorable.

MM. Adonis, Jean-Baptiste-Narcisse, à Rimaucourt.
Deconde, Jean-Félix, à Sommevoire.
Esmard, Justin-Honoré, à Mandres.
Raoult, Pierre, à Humes,
Renard, Claude-Onésime, à Millières.

INSTITUTRICES.

Médaille d'argent.

Mme Molandre, sœur Caroline, à Doulaincourt.

Médaille de bronze

Mmes Charnot, sœur Anne-Joseph, à Saint-Dizier.
Gousselot, sœur Clémence, à Villiers-le-Sec.

Mention honorable.

Mme Collin, sœur Damien, à Laferté-sur-Aube.
Mlle Miquée, Marie-Léonie, à Cirfontaines-en-Azois.
Mme Yard, sœur Marie-Hippolyte, à Fayl-Billot.

TITRE V.

RECETTES ET DÉPENSES.

COMPTE
DES RECETTES ET DES DÉPENSES

DE L'EXPOSITION SCOLAIRE DÉPARTEMENTALE
DE LA HAUTE-MARNE, EN 1879.

RECETTES.

CHAPITRE Ier.

PRÉLÈVEMENT SUR LE CRÉDIT AFFÉRENT A L'EXPOSITION
UNIVERSELLE DE PARIS.

Allocation départementale accordée en 1878.....	300ᶠ »

CHAPITRE II.

(CRÉDIT SPÉCIAL.)

Allocation départementale complémentaire inscrite au budget de 1879.......................	500ᶠ »

CHAPITRE III.

(DONS EN ARGENT.)

La ville de Chaumont........................	100ᶠ »
La ville de Langres..........................	50 »
La ville de Wassy............................	50 »
Délégations cantonales :	
De Saint-Dizier..............................	40 »
De Joinville.................................	33 »
A reporter.......	273ᶠ »

Report......	273ᶠ	»
De Vignory	30	»
D'Andelot	20	»
De Laferté-sur-Amance, M. Carteret...........	10	»
Société de Secours Mutuels de Chaumont	110	»
Société anonyme des hauts-fournaux du Val-d'Osne.	50	»
Ecole d'agriculture de Saint-Bon (Champcourt)....	30	»
Cercle de la Haute-Marne à Chaumont...........	21	»
Les communes du canton de Vignory (1) :		
Vignory....................................	20	»
Annévillle (Anastase Leseur)	6	»
A reporter......	570ᶠ	»

---

(1)   *Vignory, le 25 novembre 1875.*

MONSIEUR L'INSPECTEUR,

En vous annonçant trois nouvelles médailles de bronze votées par Blaise, Ormoy-les-Sexfontaines et Lamancine, je clos la liste des communes du canton qui ont bien voulu répondre à mon appel.

C'est aux municipalités, Monsieur l'Inspecteur, que j'ai tenu à m'adresser, parce que, sans entendre diminuer en quoi que ce soit l'importance des encouragements venant des particuliers, il m'a semblé que ceux émanant des communes auraient une autorité propre ; ces encouragements témoignant tout à la fois et de l'intérêt que nos populations prennent aux progrès de l'instruction, et des bonnes dispositions de leurs représentants légaux appelés incessamment à nous seconder dans nos efforts.

Aussi les dons ont-ils, presque tous, leur origine dans des délibérations régulières, et là où il en est autrement l'explication en est toute naturelle : A Annéville, M. le Maire sachant la pénurie de la Caisse communale a offert lui-même une médaille de bronze ; à Soncourt, pour le même motif, M. le Maire a demandé à ses administrés des souscriptions qui lui ont été accordées généreusement, car il a réuni médailles de vermeil, d'argent et de bronze ; à Marbéville, la somme votée a été complétée par un ami de l'instruction toujours dévoué ; enfin, à Marault, les Conseillers municipaux se sont cotisés pour ajouter une médaille de bronze à la médaille d'argent de la commune.

Et cela s'est fait avec le meilleur vouloir, avec un empressement libre

Report......	570ᶠ	»
Blaise......................................	6	»
Bologne....................................	20	»
Buxières-les-Froncles...................	6	»
A reporter......	602ᶠ	»

de toute insistance; vous pouvez en juger, Monsieur l'Inspecteur, par les termes de ma communication à MM. les Maires:

« L'enseignement primaire, ai-je dit, précède toutes les autres études
« pour la plupart de nos enfants; il est le seul auquel il leur soit permis
« d'aspirer ; — il le faut donc le plus complet possible, afin que chacun
« y trouve les éléments de l'instruction nécessaire aujourd'hui et que,
« sans sortir de limites sagement circonscrites, il offre aux intelligen-
« ces privilégiées, aux aptitudes spéciales l'occasion de se révéler.

« L'Exposition scolaire vient de montrer, à l'honneur de nos campa-
« gnes, ce que l'on peut, ce que l'on sait déjà, maîtres et élèves, dans nos
« écoles rurales, et ce que nous avons à attendre. Notre intervention, par-
« tant, n'est que juste. Et puis, c'est à nous que doit surtout profiter cette
« émulation féconde dont l'œuvre, à l'inauguration de laquelle nous
« venons d'assister, restera la source. »

Ce langage a été compris et accepté comme il devait l'être dans un pays où l'instruction est honorée, recherchée et protégée largement. Vous le savez, Monsieur l'Inspecteur, nos écoles sont en général bien installées, bien pourvues à tous égards, et si deux ou trois exceptions existent encore, au grand regret des administrations impatientes de les faire disparaître, mais dénuées jusqu'alors de moyens suffisants, nous possédons des écoles vraiment remarquables, grâce aux sacrifices que certaines communes se sont imposés.

Le résultat que j'ai l'honneur de vous transmettre n'est donc que la confirmation de preuves faites depuis longtemps ; pour moi, heureux d'avoir eu la pensée de le provoquer et la satisfaction de l'obtenir, j'aime à espérer qu'à votre exemple, le Comité central et son honorable président, appréciant à sa valeur un concours aussi unanime de nos communes, reconnaîtront que le canton de Vignory a le droit d'être classé parmi les plus éclairés et les plus dévoués à l'instruction.

Veuillez agréer, Monsieur l'Inspecteur, avec l'expression de mes sentiments les plus distingués et empressés, l'assurance de tout mon dévouement.

Le Président de la délégation cantonale,
Officier d'Académie,

A. FOISSY.

Report......	602f	»
Champcourt..................................	6	»
Daillancourt.................................	6	»
Guindrecourt-sur-Blaise.....................	6	»
Lagenevroye.................................	6	»
Lamancine...................................	6	»
Marault (Commune et Conseillers municipaux)....	18	»
Marbéville, 5 fr., et M. Piot, 13 fr. Total........	18	»
Mirbel.......................................	6	»
Ormoy-les-Sexfontaines......................	6	»
Oudincourt..................................	12	»
Roôcourt-la-Côte............................	12	»
Soncourt (M. Fourrier, maire)...............	51	»
Viéville.....................................	30	»
Vouécourt...................................	6	»
Vraincourt..................................	6	»
MM. Robert-Dehault, sénateur, à Saint-Dizier.....	20	»
Mougeot, député, à Chaumont.............	100	»
Danelle-Bernardin, député, à Louvemont.....	50	»
Bizot de Fonteny, député, à Chatoillenot.....	30	»
Berthelin, conseiller général, à Louvemont...	60	»
De Beurges, conseiller général, à Ecot.	50	»
Capitain, cons. général, à Bussy (Vecqueville).	20	»
Dailly, cons. général, à Etufs (Rouvres-s-Aube).	20	»
Le baron d'Huart, cons. gén., à Brouthières..	20	»
De Montrol, conseiller général, à Juzennecourt.	20	»
Pasquier, conseiller général, à Chamarandes..	38	»
Ronot, conseiller général, à Auberive.......	10	»
J. Pointu, Préfet de la Haute-Marne........	40	»
Les Conseillers de Préfecture..............	30	»
Duponnois, inspecteur d'académie..........	30	»
Des amis de l'instruction, à Chaumont.......	20	»
Le général Derroja, à Chaumont	30	»
A reporter......	1.385f	»

Report......	1.385ᶠ »
MM. Albin Rozet, attaché d'ambassade à Constantinople...	200ᶠ »
Tréfousse et Cⁱᵉ, à Chaumont............	120 »
Julien Tréfousse, négociant, à Chaumont.....	50 »
Alphandéry, juge d'instruction, à Chaumont..	30 »
Lambert, juge à Chaumont...............	20 »
Delalain, libraire à Paris	40 »
Pissot, maire à Wassy...................	20 »
Henriot, Ingénieur en retraite, à Chaumont...	20 »
Simon Samuel, à Chaumont...............	20 »
Gombert, conseiller d'arrondissement, à Forcey	20 »
Cavaniol, cons. d'arr., imprimeur, à Chaumont.	20 »
Mᵐᵉ Henri Cavaniol, à Chaumont.............	30 »
MM. Corot, direct. des contrib. directes, à Chaumont.	10 »
Froussard, insp. des contrib. dir. à Chaumont.	10 »
De Péronne, percepteur, à Longeau.........	20 »
Bourlier, censeur du lycée de Chaumont.....	12 »
Total du Chapitre III......	2.027ᶠ »

CHAPITRE IV.

Sommes versées pour travaux de reliure par les instituteurs dont les noms suivent :

MM. Albert, à Arbot	7ᶠ50ᶜ
André, à Arc-en-Barrois	7 50
Andrieux, à Laferté-sur-Aube	10 25
Arbillot, à Chalindrey	2 50
Barbette, à Rachecourt-sur-Marne.	3 75
Beaudoin, à Vecqueville...................	3 75
Beauvière, à Ambonville...................	2 75
Belgrand, à Chamouilley...................	3 75
A reporter......	41ᶠ75ᶜ

Report......	41f 75c
MM. Bellavoine, à Nully..................	15 »
Bernard, à Eurville...................	3 75
Bertenet, à Ninville..................	5 »
Bertrand, à Rivières-les-Fosses............	7 50
Bichat, à Puellemontier.................	1 25
Blanchard, à Lanty...................	11 25
Blanchot, à Larivière..................	11 25
Bresson, à Damrémont	7 50
Brigant, à Noncourt...................	3 75
Bruillon, à Forcey....................	2 75
Bulard, à Cirey-sur-Blaise...............	1 25
Camus, à Pressigny...................	7 50
Carlin, à Louvemont..................	3 75
Carlin, à Laneuville-à-Remy	3 75
Chalmandrier, à Autreville	1 25
Cothenet, à Chatoillenot................	18 75
Dassigny, à Aprey....................	3 75
Debricon, à Briaucourt.................	2 75
Demimuid, à Langres	13 »
Demimuid, à Saint-Urbain	12 50
Depetasse, à Fayl-Billot................	10 »
Desloges, à Levécourt.................	3 75
Drioux, à Andelot....................	7 50
Faillet, à Mertrud	5 »
Frionnet, à Maizières..................	3 75
Géry, à Cirfontaines-en-Azois	7 50
Guillemin, à Foulain..................	1 25
Hanin, à Joinville....................	8 75
Henry, à Bologne....................	7 50
Heuret, à Bologne	3 75
Hoclet, à Thol-les-Millières..............	7 50
Jacquot, à Marcilly	3 75
A reporter......	249f »

Report......	249f	»
MM. Jannel, à Saulxures....................	9	25
Leclère, à Flammerécourt	5	»
Lemorge, à Longeau....................	7	50
Lepage, à Montiérender................	11	25
Loiseau, à Juzennecourt	3	75
Maitrot, à Wassy	3	75
Massenet, à Mareilles...................	3	75
Michel, à Marault......................	3	75
Moux, à Villiers-sur-Marne.............	3	75
Muzel, à Sommermont...................	3	75
Notat, à Laferté-sur-Amance	7	50
Paris, à Coiffy-le-Bas	7	50
Parison, à Bourbonne	16	25
Paturel, à Ageville	3	75
Perron, à Voisey.......................	7	50
Petit, à Nogent-le-Roi	7	50
Petitfour, à Orquevaux..................	3	75
Piot, à Sarcicourt......................	3	75
Poullet, à Varennes	7	50
Raoult, à Humes	3	75
Raze, à Villiers-en-Lieu	3	75
Renard, à Millières....	6	50
Robin, à Leffonds	7	50
Ronot, à Germaines....................	3	75
Salmont, à Bournont	6	50
Simon, à Courcelles-en-Montagne	3	75
Talmet, à Doulaincourt.................	3	75
Thiébaut, à Chevillon..................	7	50
Viard, à Domblain	5	»
Viard, à Roches-sur-Marne	3	75
Vicaire, à Bussières-les-Belmont...	7	50
Voillemin, à Eclaron...................	7	50
A reporter......	438f	»

Report......	438ᶠ »
MM. Voillemin, à Prauthoy...............	7 50
Vougny, à Châteauvillain................	10 »
Yenveux, à Perrogney..................	7 50
TOTAL..................	463ᶠ »

CHAPITRE V.

DONS EN NATURE.

MM. Sommelet, à Bologne. — Une douzaine de couteaux de table et le service à découper.

André, à Wassy. — Les ouvrages de mathématiques dont il est l'auteur.

Belin, Eugène, à Paris. — Collection d'ouvrages envoyés à l'Exposition.

Delalain frères, à Paris. — Remise de 50 0/0 sur les prix forts de son Catalogue.

Delagrave, à Paris. — 56 ouvrages classiques et remise de 25 0/0 sur les prix des autres livres.

Bernheim, à Paris. — Abandon des ouvrages exposés.

Collin (Armand) et Cⁱᵉ, à Paris. — Abandon des ouvrages exposés auxquels il ajoute une trentaine de volumes.

Godchaux et Cⁱᵉ, à Paris. — Abandon des différentes séries de cahiers exposés.

Hachette et Cⁱᵉ, à Paris. — Abandon des livres et des articles exposés.

Lacroix, à Paris. — Abandon des volumes exposés.

Récapitulation des recettes.

Chap. Iᵉʳ. — Prélèvement sur le crédit de l'Exposition universelle de 1878..................	300ᶠ »
Chap. II. — Crédit complémentaire affecté à l'Exposition départementale de 1879............	500 »
A reporter.....	800ᶠ »

Report.....	800ᶠ »
Chap. III. — Dons en argent des particuliers, etc.	2.027 »
Chap. IV. — Versements effectués par les instituteurs..................	463 »
Chap. V. — (Ouvrages à distribuer aux meilleurs élèves)...................	Mémoire.
TOTAL..................	3.290ᶠ »

DÉPENSES.

CHAPITRE Iᵉʳ.

Bernier, tapissier à Chaumont — Expéditions d'objets scolaires à l'Exposition de Paris en 1878. Fourni caisses, papier, ficelle, paille, etc.	68 »
Location, pose et dépose des tentures, tapis, draperies garnissant la salle de l'Exposition scolaire de la Haute-Marne..............	169 50
Blavier, imprimeur à Wassy. — 250 diplômes d'honneur, avec teinte et gravure de l'entête, au prix de 92 fr. 50, réduit à............	62 50
TOTAL DU CHAPITRE Iᵉʳ......	300ᶠ »

CHAPITRE II.

Collin Albert, menuisier à Chaumont. — Mémoire du 14 novembre 1879..............	180 75
1,200 exemplaires, circulaire concernant l'organisation de l'Exposition...............	60 »
600 exemplaires, affiche annonçant l'ouverture de l'Exposition, à 0 fr. 05 l'une..........	30 »
Posage d'affiches en ville................	2 50
200 exemplaires, arrêté préfectoral relatif à l'institution des Jurys d'examen, à 9 fr. le cent.	18 »
A reporter......	291ᶠ25ᶜ

Report......	291f 25c
190 titres divers, à 0 fr. 05 l'un............	9 50
100 exemplaires, carte d'entrée, à 3 fr. le cent..	3 »
6 exemplaires, tableau des cantons avec indication des conscrits illettrés, à 0 fr. 60 l'un.....	3 60
5 titres sur carton, à 1 fr. l'un.............	5 »
Rose, Marguerite. — Service de la salle, à 2 francs par jour......................	60 »
Forestier, agent de police. — Service de surveillance, à 2 fr. par jour	60 »
Huissiers de la Préfecture, gratification	20 »
Collin, employé à l'Insp. acad., gratification...	20 »
Voussel, peintre. — Réparation de la salle de l'Exposition	6 70
20 colis, à 0 fr. 50 l'un, et 1 colis, à 1 fr. 65...	11 65
5 kil. pointes, clous, etc., à 0 fr. 50 le kil.....	2 50
12 pelotes ficelle, à 0 fr. 45, et 4 pelotes fil rouge, à 0 fr. 35.........................	6 80
TOTAL DU CHAPITRE II	500f ».

CHAPITRE III.

Desaide, Alph., graveur à Paris :	
3 médailles or, avec boîte ordinaire, à 100 francs 60.....................	301 80
13 médailles vermeil, avec boîte ordinaire, à 18 fr. 60.......................	241 80
16 médailles argent, avec boîte ordinaire, à 14 fr. 10.......................	225 60
25 médailes argent, avec boîte ordinaire, à 10 fr. 60.......................	265 »
29 médailles bronze, avec boîte ordinaire, à 3 fr. 70........................	107 30
A reporter......	1.141f 50c

Report......	1.141f 50c
Inscription de 2,928 lettres, à 5 fr. le cent...	146 40
Frais de transport et de factage............	2 50
Bernier, tapissier: solde de son mémoire s'élevant à 250 fr................................	12 50
Décoration de la cour du Lycée pour la distribution des récompenses................	55 »
Fourni 12 banquettes, à 1 fr.............	12 »
60 chaises, à 0 fr. 25...................	15 »
Emballage de livres, etc..................	10 40
Collin, Albert, menuisier. — Location de l'estrade et des gradins posés dans la cour du Lycée à l'occasion de la distribution des prix.	24 »
Voussel, peintre. — Une inscription et solde de son mémoire s'élevant à 17 fr. 20.........	10 50
Dallet, éditeur à Langres. — Carte de la Haute-Marne, par Mocquard......................	4 55
Guéritte, relieur. — 3 écussons (Chaumont, Langres et Wassy)............................	31 20
96 timbres d'affranchissement, à 0 fr. 15.......	14 40
78 factages, à 0 fr. 20 l'un.................	15 60
Frais d'envoi des prix du Ministère de l'Instruction publique...........................	10 »
4 feuilles papier coquille argent, à 0 fr. 75.....	3 »
3 feuilles papier coquille or, à 0 fr. 60 l'une, et papier rouge, 0 fr. 70.....................	2 50
1 boîte pains à cacheter, à 1 fr. 10, et 2 bâtons cire, à 0 fr. 80...........................	1 90
Pourboires aux deux camionneurs de la gare (Dorkel et Lemoux).....................	10 »
Indemnité au concierge du Palais de justice, pour la vente des bois qui n'a pu avoir lieu à la salle occupée par l'Exposition.............	5 »
A reporter......	1.527f 95c

Report......	1.527f 95c
Nettoyage de la salle de l'Exposition par les domestiques du Lycée....................	5 »
Mielle, voiturier. — Transport de 10 colis à la gare de Chaumont.....................	2 50
Menues dépenses diverses.................	13 80
TOTAL DU CHAPITRE III.......	1.549f 25

CHAPITRE IV.

Prot, relieur à Chaumont. — Mémoire des travaux divers faits au compte et sur la demande des instituteurs désignés au chapitre IV des recettes.	463f »
TOTAL DU CHAPITRE IV......	463f »

CHAPITRE V.

Tous les ouvrages classiques qui figurent au chapitre correspondant des recettes seront, conformément à la décision du Comité central, distribués à titre de récompenses, par les soins de M. l'Inspecteur d'Académie, aux élèves des écoles primaires dont les travaux à l'Exposition ont été appréciés par les jurys d'examens, et à ceux qui se distinguent dans leur classe par leur conduite, leur travail et leur succès.

RÉCAPITULATION DES DÉPENSES.

Chapitre Ier	300f »
Chapitre II.............................	500 »
Chapitre III............................	1.549 25
Chapitre IV............................	463 »
Chapitre V (distribution des livres)	Mémoire.
TOTAL...................	2.812f 25

RÉSUMÉ.

Recettes............................	3.290f »
Dépenses...........................	2.812 25
Boni.........	477f 75

Ce boni s'ajoutera aux souscriptions recueillies pour les frais d'impression du volume de l'*Exposition scolaire départementale* et diminuera d'autant la dépense qui, vu l'abondance des matériaux à publier, dépassera le chiffre de nos prévisions.

CERTIFIÉ EXACT.

L'Organisateur-Trésorier,
Commis de l'Inspection Académique,

A. FERRAND.

TITRE VI.

APPENDICE.

COMPTES-RENDUS DES JOURNAUX

DE LA HAUTE-MARNE.

TITRE VI.
APPENDICE.

Notre exposition scolaire a été un véritable évènement dans le département, dont elle présentait la situation intellectuelle en ce qu'elle a de plus intéressant, nous voulons dire au point de vue de l'instruction populaire. Elle n'a pas seulement excité la curiosité du public, qui est souvent banale ; elle a provoqué les appréciations les critiques, les éloges et le blâme des divers organes de la presse ; elle a soulevé une polémique qui prouve son importance, et il nous a paru utile d'en mettre les éléments sous les yeux de nos lecteurs.

C'est l'objet de cet *appendice*.

Nous y avons réuni les articles publiés des divers journaux du département. Nous n'avons pu toutefois les donner tous ; c'eût été grossir notre volume sans grand profit pour le public. Nous nous sommes attachés à reproduire les appréciations qui nous ont paru les plus sérieuses, aussi bien celles qui blâment et nous semblent peu justes, que celles qui nous approuvent et nous admirent ; l'impartialité nous en faisait un devoir. Nous n'avons retranché que celles qui nous ont paru peu sérieuses ou inspirées par un esprit de parti trop évident, et qui, par là même, sont sans valeur et sans intérêt. On remarquera les articles d'un *passant* et d'un *visiteur*, etc. Ce sont ceux d'hommes compétents dont les critiques nous ont été aussi précieuses que les éloges.

Cet appendice est, selon nous, le complément naturel de notre publication. On verra que ces libres appréciations n'ont la plupart du temps que confirmé les jugements officiels.

L'UNION DE LA HAUTE-MARNE.

Du 20 Septembre 1879.

EXPOSITION SCOLAIRE DÉPARTEMENTALE

DE LA HAUTE-MARNE.

Ainsi que nous l'avons précédemment annoncé, l'Exposition scolaire a été ouverte le 8 septembre courant, à la Préfecture de Chaumont, et sera close le 30 de ce mois. Elle fait, nous l'avons dit également, le plus grand honneur à ceux qui l'ont organisée et aux maîtres qui ont fourni les travaux qu'un nombreux public vient visiter. — La disposition, le classement des objets exposés ne laissent absolument rien à désirer. Le plus grand art a présidé à cette organisation. Sans fatigue, le visiteur attentif peut, en quelques heures, se rendre compte du degré de perfection auquel notre instruction primaire atteint. La Haute-Marne est un des départements de France où le savoir est le plus répandu. Nous le devons à nos maîtres, nous le devons à leurs chefs. Il appartient à tout citoyen, aimant sincèrement son pays, de reconnaître ces efforts féconds. Et c'est dans cette pensée que nous voulons donner, dans la faible mesure de nos forces, un gage de reconnaissance à ceux qui se dévouent à notre jeunesse.

Nous le ferons, non point en leur distribuant des éloges. Nous savons que nous leur serons agréables surtout en appelant l'attention de chacun sur leurs travaux, sur leurs méthodes, car en agissant ainsi nous les pourrons aider dans cette tâche : Instruire. — Dans ce but, nous avons sollicité le bienveillant concours d'une plume plus autorisée que la nôtre qui énumérera les travaux accomplis, les progrès acquis et les résultats dans l'avenir espérés. Sans plus tarder, nous commençons une série d'articles d'un haut intérêt. Notre lecteur en jugera.

Français, meurtris par la guerre étrangère, une science entre toutes doit nous attirer. Notre collaborateur l'a compris de la sorte, et lui donne le pas sur les autres. Son premier article porte ce titre :

LA GÉOGRAPHIE

Un allemand définissait le français : un homme qui a des moustaches et qui ne sait pas la géographie. Il faut avouer, hélas ! que nous avons quelque peu justifié cette brutale définition. Mais, comme dit le peuple, *à quelque chose malheur est bon.* Notre malheur aura eu cela de salutaire qu'il nous a réveillé de notre insouciante quiétude et nous a fait sentir à coup de fouet la nécessité qui parfois enfante des prodiges. Nous avons compris que nous n'étions plus au temps où le précepteur de M. Janot de la Janotière persuadait à son noble élève que la géographie était une science inutile pour ce qu'on appelait alors un honnête homme, et que son cocher saurait bien le conduire là où il voudrait aller.

Aussi a-t-on cherché à faire pénétrer cette étude dans toutes les intelligences ; et l'école primaire est, pour ainsi dire, l'usine où se fera cette transformation. C'est en ce sens qu'on a pu dire que c'était le maître d'école allemand qui avait vaincu en 1870.

C'est en ce sens aussi qu'on peut assurer que nos instituteurs préparent la revanche et la victoire. Nous en avons trouvé la consolante espérance dans les travaux envoyés à notre Exposition scolaire. L'ensemble des cartes exposées a de quoi étonner. Ouvrez les albums disposés sur les tablettes du pourtour de la salle ; vous y verrez des cartes de nos cantons faites avec un soin extrême et une exactitude qui révèle une profonde connaissance du pays: muni d'un de ces guides, vous pouvez parcourir les cantons d'Arc-en-Barrois, de Nogent, d'Andelot, de Châteauvillain, de Poissons, etc., sans crainte de vous égarer ni même de faire une fausse démarche ; rivières, ruisseaux, routes, chemins vicinaux, de grande communication, sentiers même, tout y est indiqué avec une irréprochable précision. Et, à ce sujet, je demande à ouvrir une petite parenthèse.

Puisque M. l'Inspecteur d'académie a pu provoquer ce mouvement, il est dès aujourd'hui assuré de trouver dans chaque canton un ou plusieurs instituteurs capables de dresser une bonne carte. Pourquoi ne demanderait-il pas à ses intelligents subordonnés, pour tous les cantons, ce qui a été fait pour quelques-uns seulement ?

Nous aurions ainsi un atlas complet des 28 cantons du département, et nous ne doutons pas que le Conseil général accorderait les fonds nécessaires pour la publication d'une œuvre aussi utile.

Prenez la travée de droite en entrant au fond de la salle, considérez cette carte du département, coloriée, vernie, avec gorge et rouleau : vous admirerez les teintes bien fondues, la netteté des détails, l'impression saillante des caractères. Impression ai-je dit ; c'est une erreur. Cette carte qu'au premier coup-d'œil, je croyais sortie des presses de Delalain ou de Hachette, c'est l'œuvre d'un écolier de 14 ans. Quatorze ans ! vous avez bien lu, et c'est exact. Je ne répondrais pas que le maître n'y eût mis quelquefois la main ; mais que le maître ait secouru ou non l'élève, on n'en reste pas moins étonné que ce travail géographique soit sorti d'une simple école primaire. Levez les yeux vers ce pilier de droite : voyez cette carte des canaux de la France. Où a-t-on pu en trouver les éléments ? Je ne connais que deux cartes de ce genre ; l'une a été dressée tout récemment par le Ministère des travaux publics et ne se trouve pas dans le commerce, l'autre a été publiée par M. Alexandre Collin, ingénieur des Ponts et Chaussées, mais elle est très-peu répandue, et l'on n'en trouverait peut-être pas trois dans tout le département. Eh bien ! cette pénurie de renseignements n'a pas arrêté l'auteur de ce travail, qui est une jeune fille et une élève de nos écoles

A côté de la géographie écrite, apparaît ce que j'appellerai la géographie parlante, c'est-à-dire les *reliefs*. Le plan des environs de Langrés est une œuvre patiemment étudiée et devant laquelle s'arrêtent volontiers les visiteurs ; ce qui est peut-être plus utile, c'est le relief *idéal* qui contient tous les accidents géographiques possibles et en grave l'image avec les dénominations dans la mémoire des élèves. Le plan du collége de Wassy, dessiné à l'échelle de 1/100, a le privilége de *tirer l'œil*, comme on dit dans l'argot parisien ; et de fait, il produit un bon effet, sous son toit de verre, avec ses bâtiments, ses cours et ses jardins exécutés avec une entière fidélité. Pourquoi ne rangerions-nous pas aussi dans les études relatives à la géographie cette petite maison de carton, dont le toit enlevé, comme on enlève un couvercle, laisse voir l'intérieur du premier étage ? cet étage lui-même peut se soulever tout entier, pour montrer tous les détails du rez-de-chaussée qui renferme une salle de classe avec son mobilier scolaire. Enfin, comme la cosmographie se lie intimement avec la science qui nous occupe, citons l'appareil ingénieux qui, au moyen d'un système de rouages, qui doit être fort compliqué, rend sensible le double mouvement de la terre sur elle-même et autour du soleil, en même temps que l'évolution périodique de la lune ; faisons remarquer toutefois que le miroir sphérique destiné à représenter le foyer solaire doit renvoyer, grâce à sa force et à sa largeur, une lumière trop diffuse sur le globe terrestre ; il suffirait, pour remédier à cet inconvénient, de substituer à ce miroir un réflecteur parabolique, qui a la propriété de concentrer en un faisceau étroit la lumière qu'il renvoie.

Tous ces travaux font honneur à nos instituteurs. Et cependant ce n'est pas là ce qui caractérise la diffusion de la science géographique, si ce mot *science* n'est pas ici trop ambitieux. Pour en bien saisir les progrès et la vulgarisation, il faut ouvrir ces cahiers-journaux, qui représentent l'ensemble des devoirs d'un élève pendant le cours d'une année scolaire. Là on trouve des tracés de bassins, de côtes, des cartes à main levée, des croquis rapides, qui indiquent une étude journalière et sérieuses. Ce modestes travaux sont un sûr garant que les maîtres ne négligent pas, dans leur enseignement, cette importante partie des études.

En terminant, appelons l'attention des visiteurs, trop sollicités par ce qui frappe les yeux, sur un véritable trésor, ce que j'appellerai la perle de l'Exposition : c'est l'atlas, en deux gros volumes, de la *Société de géographie de Paris*. Il renferme plus de mille cartes, dressées par les membres de la Société et exclusivement pour elle. On y suit, pas à pas, toutes les découvertes faites récemment par les Livingston, les Duveyrier, tous les hardis explorateurs de l'Océanie, de l'Asie centrale et surtout de cette mystérieuse Afrique qui se laisse si difficilement arracher ses secrets. C'est une bonne fortune pour les organisateurs de notre Exposition d'avoir pu obtenir cet ouvrage, unique au monde, intéressant surtout pour les hommes de science et d'étude.

En résumé, la partie géographique de l'Exposition révèle une marche progressive et constante de cette étude si éminemment utile ; elle nous montre les procédés nouveaux employés, procédés qui consistent à frapper l'imagination et à enseigner par les yeux, méthode expéditive qui convient bien à des intelligences peu capables de saisir ce qui n'est qu'abstrait. Aussi les progrès sont réels, et on peut dire, dès aujourd'hui, que la grossière définition imaginée par un de nos lourds adversaires n'est nullement applicable à la génération nouvelle, à la population de nos écoles, qui n'a pas de moustaches et qui sait la géographie.

Du 27 septembre 1879.

L'HISTOIRE NATURELLE.

L'histoire naturelle à l'école primaire !... Y pensez-vous ? C'est une science tout au plus pour exercer la patience des savants !... Quel profit en retireraient les enfants de nos écoles ?...

Voilà ce qu'on pensait généralement, il y a une vingtaine d'années.

Il est certain que les ouvrages sur cette matière étaient maintenus dans des sphères si élevées qu'elles paraissaient inaccessibles au commun des mortels. Les choses ont bien changé depuis. Le côté pratique a été mis en relief, et nos instituteurs commencent à en faire leur profit. Ils ont compris que l'histoire naturelle ne le cède en importance, ainsi qu'en utilité, à aucune autre science.

Certes, personne n'a la prétention de faire, des enfants de nos campagnes, des botanistes émérites et des entomologistes distingués. Mais quelques bonnes leçons faites par un maître intelligent leur apprendraient bien des choses utiles, dont plus tard ils tireraient le meilleur parti.

Disons-le à la louange des instituteurs de la Haute-Marne, beaucoup sont entrés dans cette voie, comme vous allez vous en convaincre, en me suivant dans la salle de notre Exposition scolaire.

Tournons, s'il vous plaît, la cloison de séparation de la salle et pénétrons dans le domaine de la *Botanique*.

Vous savez que c'est à cette partie des sciences naturelles que nous nous adressons, lorsque nous voulons apprécier les ressources que le règne végétal fournit à notre alimentation, à la médecine, ainsi qu'aux différentes industries qui emploient des racines, des écorces, des graines ou d'autres matières premières tirées des plantes. Le champ est vaste ; aussi, est-ce le mieux exploité par les instituteurs.

Plusieurs herbiers en parfait état frapperont d'abord votre attention. L'un confectionné en quelques mois par les élèves d'une école primaire, comprend, pour chaque famille, plusieurs espèces bien étalées et parfaitement conservées. — Un autre, qui est l'ouvrage personnel d'un instituteur laborieux, présente, sous un petit format, 79 familles de 639 espèces bien déterminées. Regrettons, toutefois, qu'il se soit glissé parmi les plantes de *la flore haut-marnaise* quelques *étrangères* qui auraient pu trouver leur place dans un dossier séparé. Je pourrais encore vous signaler plusieurs autres herbiers ne manquant pas d'une certaine valeur.

Mais passons aux albums de plantes dessinées d'après nature. N'a-t-il pas fallu pour tout cela une patience de bénédictin ? Arrêtons-nous à celui-ci ; les plantes y sont rangées d'après leurs propriétés : *Plantes médicinales ; — plantes cultivées ; — plantes nuisibles.*

Voilà qui est essentiellement pratique !

Et puisque je parle de ce qui est pratique, je vais me permettre d'engager les visiteurs-amateurs à chercher, au commencement de la première tablette de droite, en entrant, certain cahier ayant pour titre :

Leçons sur l'échenillage, l'échardonnage, les plantes nuisibles et les oiseaux.

Comme tout est simple, net et précis dans ce petit opuscule ! Rien n'y manque, pas même le tableau récapitulatif. Certainement, plus d'un me remerciera d'avoir indiqué cette perle.

Avant d'aller plus loin, jetons encore un coup-d'œil sur 12 tableaux présentant 315 espèces dessinées et même coloriées par des élèves de treize à quatorze ans.

Maintenant, si vous voulez bien, nous allons passer à la *Zoologie*. Elle n'est pas, il est vrai, aussi bien représentée que la botanique. Et pourtant c'est là que se trouvent nos *auxiliaires* et nos *ennemis :* les premiers d'autant plus intéressants qu'ils peuvent nous rendre les services les plus signalés dans les combats que nous livrons constamment à ces derniers, ces ravageurs de nos vignes, de nos jardins, de nos forêts, de nos champs, de nos greniers et même de nos vêtements. Bref, j'ai vu avec plaisir, dans des boîtes vitrées, environ 250 espèces de coléoptères *utiles et nuisibles,* ne laissant rien à désirer, sauf peut-être une courte notice à côté du nom de chaque échantillon. Néanmoins, c'est bien. Mais pourquoi n'en ferait-on pas autant pour chaque famille d'insectes ? La tâche n'est pas au-dessus du dévouement des maîtres.

J'en trouve tout d'abord la preuve sur les murs de la salle où apparaissent de nombreux tableaux :

Insectes utiles et nuisibles. — Auxiliaires et ennemis de l'agriculture. — Oiseaux de la vallée de la Marne, etc.

parfaitement dessinés, et avec notes explicatives.

Et les albums que tout le monde admire ! Et les cahiers-journaux (j'en pourrais citer beaucoup, et des plus remarquables) ! Feuilletez cela, vous ne perdrez pas votre temps, et vous conviendrez avec moi que tout témoigne des efforts des instituteurs pour vulgariser des connaissances dont chacun sent aujourd'hui l'utilité, je dirai même l'opportunité.

Et le musée de Laferté-sur-Aube ! Voyez-le en détail : bois, graines exotiques, minéraux, numismatique, fossiles. Tout cela vous intéressera. Peut-être y remarquerez-vous un peu de confusion, une classification incomplète ; mais c'est un excellent commencement. Nous n'avons pas d'ailleurs le droit d'être aussi difficiles ici que dans les galeries du Trocadéro ou du Louvre.

N'oublions pas le *Catalogue des plantes composant l'herbier de l'école de C...* C'est ce que nous avons trouvé de plus complet, et la classification paraît très-exacte : il n'y manque qu'un élément, mais celui-là est important : ce sont les plantes elles-mêmes.

Je ne terminerai pas sans dire un mot des ingénieux tableaux de la maison Deyrolles. C'est l'histoire naturelle parlante, et dans toutes ses applications. Le conseil municipal de Chaumont, toujours bien inspiré, en a fait l'acquisition pour l'école municipale laïque. Je souhaite une pareille bonne fortune à toutes les écoles du département, quelle ressource ce serait pour l'instituteur ! Et comme il lui serait facile de faire de fructueuses leçons au retour de bonnes promenades !

Puisse ce souhait se réaliser, et, à une future Exposition que nous permet d'espérer l'élan donné par M. l'Inspecteur d'Académie, nous constaterons les progrès accomplis dans les sciences naturelles, avec autant de plaisir que nous en avons éprouvé cette année en signalant l'avancement des études géographiques.

Du 1er octobre 1879.

VISITE

A L'EXPOSITION SCOLAIRE DÉPARTEMENTALE.

Nous recevons sur l'Exposition scolaire la lettre qui va suivre. On la lira avec tout l'intérêt qu'elle mérite. Notre correspondant s'est attaché plus spécialement qu'il n'en a été dans nos lettres précédentes, à une critique bienveillante. Nous pouvons lui en laisser du reste la responsabilité, car il est entre tous expert en matière d'instruction :

« C'est, je crois, pour la première fois qu'une Exposition de ce genre est organisée dans la Haute-Marne. Elle n'en est pas moins remarquable à tous égards. Je regrette seulement que, probablement faute de temps et d'argent, on n'en ait pas publié le catalogue.

« Cette Exposition fournira de précieux enseignements, et cependant, elle ne peut, comme toute exposition de ce genre, donner par elle-même que d'une manière fort imparfaite le niveau général de l'instruction primaire dans la Haute-Marne.

« Voyons, en effet, les journaux de classe qui sont les meilleurs guides que nous puissions consulter en cette circonstance. Ces journaux sont le travail d'un ou deux des meilleurs élèves, soignés en dehors de tous les autres, comme dans les établissements d'instruction secondaire on ferait pour les *bêtes à prix*.

« Et cependant il y a une grande différence dans la manière dont on doit comprendre l'enseignement primaire et l'enseignement secondaire. Le premier doit s'adresser à tous; le second ne s'adresse forcément qu'à quelques-uns.

« Tous les enfants de l'école primaire doivent, bon gré, mal gré, apprendre à lire, à écrire, à compter ; dans une classe d'humanités, sur trente élèves par exemple, on s'estime fort heureux d'avoir 10 bons élèves auxquels les 20 autres sont galamment sacrifiés.

« Ce qui, dans cette Exposition, frappe surtout les yeux, ce sont les travaux artistiques ; on peut les juger à l'Exposition comme dans la classe elle-même ; mais comment, même en lisant attentivement tous les rapports, comment juger de l'enseignement des mathématiques, de la littérature, de l'orthographe ? Comment juger de l'enseignement de la musique qui est un art, au même titre que le dessin d'imitation ? Comment enfin juger de l'éducation, qui, à elle seule, est une des missions les plus délicates et les plus difficiles confiées à l'instituteur ?

« Je tiens pour certain qu'un inspecteur primaire est mieux renseigné sur la marche de l'enseignement et sur la valeur des maîtres, après une tournée d'un jour dans chaque commune, qu'après vingt jours de visite à l'Exposition scolaire.

« Voyez les travaux des instituteurs de Châteauvillain et de Foulain, par exemple. Que de choses à admirer ! Vous avez véritablement affaire à des œuvres d'artistes d'une valeur incontestable ; mais, involontairement, vous vous demandez si l'instruction populaire se répand en proportion du talent artistique du maître. Vous cherchez où l'instituteur a pu prendre le temps nécessaire à ces minutieux travaux.

« D'ailleurs, on demande tant de choses aujourd'hui à l'instituteur que, pour répondre à tout, il devrait être universel. Autrefois les enfants venaient le trouver pour qu'il leur apprît à lire à écrire, à compter, et rien de plus ; pour peu qu'il chantât bien la messe et fût bon secrétaire de mairie, il était réputé parfait.

« Tout cela est bien changé et ce n'est pas dommage; il ne faut cependant pas non plus, tomber dans un excès opposé. On le veut, en outre de ses fonctions d'instituteur, professeur d'agriculture, physicien, chimiste, naturaliste, géologue, botaniste, hygiéniste, calligraphe, historien, géographe, statisticien, etc., car il y a de tout cela à l'Exposition ; bienheureux quand on ne vient pas lui demander d'être agent politique. Est-ce raisonnable ? et n'ai-je pas raison de douter de l'efficacité de l'Exposition en vue de connaître le niveau et la marche de l'enseignement primaire dans la Haute-Marne.

« Je fais bien des réserves, et vous allez sans doute me demander, si, par hasard, je trouve cette Exposition inutile.

« Eh non ! mille fois non ! j'y vais chaque jour passer deux ou trois heures, j'y trouve sans cesse choses nouvelles qui me font le plus grand plaisir, et telles j'aurais voulu les voir, il y a quinze ans ; j'éprouve une satisfaction sans égale à mesurer, malgré un critérium aussi imparfait, le progrès incroyable qu'ont fait depuis ce temps nos écoles primaires ; il me semble enfin me retrouver au milieu de ceux qui, pour moi, ont été de bons camarades, et dont je ne me serais, sans doute, jamais séparé, si sur mon chemin, je ne m'étais heurté à quelque inepte caillou.

« Oui, je me plais à voir chaque jour un coin nouveau de cette Exposition, et je conseille à ceux qui ont souci de l'instruction, de la visiter avec l'attention la plus soutenue.

« Mais je tiens avant tout à me mettre moi-même en garde contre l'illusion bien naturelle, en présence de tant et de si belles choses, et je ne veux pas demander à une exposition ce que des inspections sérieuses sont seules en droit de donner.

« On voudra bien me pardonner, en présence de mon profond attachement à l'enseignement primaire, les quelques remarques qu'on trouverait trop sévères, et qu'il pourra m'arriver de formuler au cours de cette visite à bâtons rompus que nous allons faire ensemble.

A tout seigneur, tout honneur !

L'ÉCOLE NORMALE.

« L'Ecole normale est la maison-mère de l'enseignement primaire. Rien de ce qui s'y passe ne saurait nous être indifférent. Visitons donc en détail son album et admirons, en passant, le talent calligraphique de l'élève-maître chargé du titre.

« Je tombe sur ces fameux *règlements*, dont on a fait tant de gorges chaudes, à Paris et ailleurs, et je ne me sens par le courage de rire de ces prescriptions qui semblent être une page détachée de la *civilité chrétienne puérile et honnête*.

« Quand la manie des règlements a fini par passer à l'état chronique, on ne sait plus où elle s'arrêtera. Je me suis laissé dire que lorsque cette affection s'empare d'un administrateur, ses subordonnés sont exposés, dans tous les coins et recoins, à se buter contre un nouveau règlement. On se promène, un règlement vous poursuit ; on fait de la gymnastique sous la tutelle d'un règlement ; on dort, on mange, sous l'œil et la sauvegarde des règlements, qui vous rappellent qu'on doit dormir sans ronfler, et que, quand on coupe du pain, on ne doit pas faire le tour de la miche pour n'avoir que de la croûte ; si l'inexorable nature commande, sachez-y résister quelque temps et sauvez-vous discrètement, en conformité des articles du règlement.

Le règlement ! c'est la sauvegarde de l'honneur et des bons principes.

Inutile de dire que, personnellement, je ne crois pas que l'Ecole normale de Chaumont soit atteinte de cette affection, bénigne en somme, mais joliment énervante. Je désire simplement l'en préserver.

« Voici des devoirs d'élèves-maîtres. Ils sont annotés à l'encre rouge. Pour premier devoir, une chose bien surprenante : la démonstration d'un mystère !

« J'avais toujours pensé, dans ma naïveté, qu'un mystère ne se prouve pas. On a la foi, et cela suffit ; ou bien on ne l'a pas et alors la raison se révolte contre les preuves de tradition, prescription, ou autres du même genre.

« Une de ces preuves m'a toujours rempli d'une douce confiance, c'est l'argument de *prescription*. On a, par exemple, énoncé une bourde, il y a une trentaine d'années, à savoir que l'incrédulité aux paroles de Notre-Dame de la Salette avait occasionné la maladie des pommes de terre. Il ne s'est trouvé personne, pendant trente ans, pour argumenter sur cette thèse (c'est toujours une supposition que je fais), et les trente ans écoulés, personne n'ayant demandé la parole, le débat est clos et nous sommes gratifiés d'une nouvelle vérité révélée.

« Pour des dogmes moins importants, la prescription de cinq ans serait suffisante ; mais pour une vérité de premier ordre, on attend des siècles, et alors on invoque le cousin-germain de l'argument de prescription, je veux dire *le consentement unanime des peuples.*

« J'avoue que, pour mon compte, je n'aime guère toucher à ces sujets ; mais il me semble que la moindre question morale vaudrait bien ces stériles discussions sur les dogmes de la foi chrétienne.

« Je passe à d'autres devoirs, qui me paraissent très-bien soignés et pour lesquels je n'aurai que des éloges ; mais il me faut encore signaler des choses qui ne devraient pas trouver asile dans une école normale. On y donne encore, pour devoir écrit, des analyses grammaticales, dans lesquelles on répète 50 fois la nature, le genre, le nombre, le mode, le temps, la personne, la conjugaison, la fonction, etc., de chaque mot. Passe pour des enfants dont on veut se débarrasser pour quelques heures, en leur donnant un travail matériel ! Mais, à l'école normale, avec des jeunes gens de 18 ans, l'analyse grammaticale doit être simplement orale. Avec une heure de cet exercice oral, on fait certainement autant de travail qu'en écrivant assidument pendant deux jours, et on le fait d'une façon plus intelligente et plus profitable, car la parole du maître soutient de temps en temps l'attention des élèves, qui, du reste, se contrôlent mutuellement. Faites écrire cette même analyse, on baillera tout le temps.

Les *sciences naturelles* me paraissent bien un peu martyrisées ; on me permettra de m'abstenir sur les détails qui motivent cette opinion ; mais je crois réellement qu'il n'est guère possible de faire beaucoup plus et beaucoup mieux, dans l'état actuel d'insuffisance des collections et des faibles ressources affectées au matériel.

« On pourrait, par exemple, pour les collections naturelles

avoir un peu mieux, sans beaucoup de frais. Que chaque élève rapporte de son village les fossiles et les minéraux qu'il aura ramassés dans les carrières, sur le bord des chemins ou dans les sillons de la charrue; qu'il donne l'explication exacte du lieu d'origine, sur une copie de la carte d'assemblage du plan cadastral.

Chaque fossile nouveau serait déterminé à l'école et y resterait à titre d'échantillon. Tout instituteur embarrassé dans cette aride nomenclature pourrait s'y faire renseigner et ne s'exposerait pas, dans *ses leçons de choses* ou dans les *musées scolaires*, à hasarder ces noms bizarres qui font tache dans l'exposition, et qu'on ne peut pardonner qu'en faveur du dévouement et de la bonne volonté des exposants.

« Voyez également le catalogue de la bibliothèque des élèves; c'est absolument insuffisant.

« Je ne puis vraiment m'arracher de cet album de l'école normale. J'y reviens encore, non pour l'école annexe qui me paraît toujours devoir être l'école primaire modèle, mais pour l'école normale elle-même.

« Encore des choses singulières ! il faut bien en parler ; c'est la conséquence forcée de toute exposition publique. Ne vous soumettez pas au jugement du public, si vous ne lui reconnaissez pas le droit de dire franchement la vérité.

« L'écriture courante exclusivement adoptée à l'école, en d'autres termes, *imposée*, est l'écriture Flament. Je ne saurais guère en dire plus de mal que la direction même de l'école. C'est, est-il dit au programme, une écriture qui donne avec les élèves-maîtres des résultats satisfaisants, et avec les enfants, de médiocres résultats. Enfin, il faut passer par la méthode d'écriture ordinaire pour arriver ensuite à l'écriture Flament. Quelle condamnation plus éclatante que cet aveu ! Et pourquoi imposer cette écriture aux maîtres qui devront l'abandonner (soit dit en passant, ils ne se font pas prier), parce qu'avec des enfants, ils n'auraient que de médiocres résultats.

« Je m'étais proposé de faire de cette assez vilaine écriture, un examen détaillé, lettre par lettre, et d'en montrer les bizarreries, la lenteur, etc. Mais c'est inutile, j'ai trouvé mieux : lisez le rapport de M. Demimuid, de Langres, sur l'Exposition universelle.

« Je ne saurais dire avec quel plaisir j'ai lu ce rapport qui a valu, si je ne me trompe, à son auteur une haute récompense justement méritée.

« Et c'est pendant que je parcourais ces pages si pleines de faits, si pleines de la connaissance de l'enfant et des méthodes pédagogiques, que j'ai rencontré le plus bel éreintement de la méthode Flament.

« M. Demimuid, pour dire la vérité, a mis des gants de velours, mais les coups n'en portent pas moins. Voici, en deux mots, son opinion motivée.

« Il rejette l'écriture Flament parce que : 1° elle est lourde ; 2° elle tient trop de place ; 3° elle est moins rapide ; 4° les administrations n'en veulent pas ; elle exige des plumes particulières qu'il faut abandonner dès qu'il s'agit de faire le moindre trait au dessin ; 6° les élèves-maîtres qui doivent la pratiquer pendant trois ans, sachant l'échec qui les attend avec les enfants, s'empressent de l'abandonner, dès qu'ils sont sortis de l'Ecole normale, et je me permets d'ajouter pour mon compte : 7° les maîtres-adjoints, dans leurs annotations à l'encre rouge, ont l'irrévérence de donner le mauvais exemple, en ne se servant pas de cette bienheureuse écriture.

« Mérite-t-elle d'être imposée ? Que vous en semble ? Il y a sept ans que j'en ai vu faire l'essai pendant six mois ; les résultats ont été déplorables. Recommandez donc cette écriture si elle vous charme ; je ne tiens guère à la forme ; mais ne l'imposez pas comme on ferait d'un article de foi.

« Je me plais à dire qu'en somme j'ai trouvé beaucoup de travail bien entendu à l'Ecole normale : arithmétique, géométrie, lever de plans, dessin d'imitation et géométrique, etc.

« Du reste, ce n'est pas sur l'album qu'il faut juger cette école, c'est sur toute l'Exposition elle-même.

« A ceux qui demanderaient ce qu'elle a produit, il serait insuffisant et injuste de ne montrer que le tableau de sa statistique.

« L'Exposition elle-même n'est-elle pas son œuvre pour la plus large part? Et ces cartes du ministère où la Haute-Marne est teintée de blanc, et ces cartes du département où l'on peut constater la faible proportion de conscrits illettrés, enfin ces milliers d'enfants qui journellement reçoivent de ses maîtres l'instruction et l'éducation, ne sont-ils pas les vrais témoins de l'influence de notre Ecole normale.

« En 1833, on veut organiser l'enseignement primaire, et l'on copie avec raison ce que du temps de Napoléon Ier on avait fait pour l'enseignement secondaire. On crée les Ecoles normales et l'on recrute au concours, et non par racolement, les maîtres de la jeunesse. C'est la voie la plus sûre pour faire disparaître lentement, mais sûrement, ces maîtres d'un autre âge qu'on ne pouvait chasser du jour au lendemain; ces maîtres d'occasion, braves gens, qui, pour toute garantie, venaient se soumettre à l'examen d'un conseil municipal illettré, et qui volontiers eussent troqué leur position contre celle de berger communal !

« Voyez l'œuvre de notre Ecole normale, puis jetez un regard en arrière et considérez l'abîme franchi !

« Les assemblées départementales, qui ont voté les premiers fonds, n'ont pu jouir sans doute immédiatement du résultat de leur œuvre; mais elles ont eu confiance en l'avenir, elles ont pensé avec raison que tout sacrifice en faveur de l'instruction n'est jamais un sacrifice inutile, parce qu'il fructifie au-delà de toute espérance.

« En vain, les Ecoles normales, plus que toutes autres écoles, étaient-elles complètement fermées aux réformes; en vain, les exercices les plus fastidieux et les plus inutiles étaient-ils imposés et conservés religieusement, rien n'a pu arrêter le développement de l'instruction primaire.

« Je critiquais tout à l'heure certaines choses qui me paraissent surannées à l'Ecole normale; j'espère qu'on ne m'en voudra pas trop, car j'avoue que, si j'avais pris pour point de comparaison ce qui s'y faisait, il y a vingt ans, j'aurais dû, au contraire, épuiser le répertoire des termes élogieux.

« Il y a vingt ans ! Tout n'était pas pour le mieux, et l'on pensait cependant alors marcher à la tête des Ecoles normales.

« C'est dans cet heureux temps que florissait la lecture du Psautier, bientôt abandonné par ce qu'on finissait par le savoir par cœur, et remplacé par le Paroissien latin dont la lecture durait des heures entières. En été surtout cet étrange grimoire était chargé de sommeil. Le Paroissien alternait avec les *Mœurs des Israélites et des Chrétiens,* de l'abbé Fleury.

« On copiait alors un énorme volume d'arithmétique in-quarto de 3 à 400 pages ; on copiait un non moins gros cahier, dit de Religion, quand un ancien n'avait pas voulu céder le sien pour quarante sous ; on copiait un autre volume décoré du titre de cahier de Physique et de Chimie, émaillé de recettes et de doctrines qui semblaient léguées par un disciple de Brandt. Il y avait de tout là-dedans, depuis la manière de faire à volonté un bon bouillon ou un bon bouilli, jusqu'à l'embaumement par la méthode du docteur Gannal.

« On recopiait des cahiers entiers de Problèmes ; on recopiait ses dictées. La copie était obligatoire.

« Je connais quelqu'un qui, pour sa part, mais ceci était facultatif, copiait avec frénésie des partitions entières du R. P. Lambillotte, du R. P. Hermann, d'Ambroise Thomas, de Bazin, de Laurent de Rillé, d'Oscar Commettant, etc. Chacun avait son cahier de chansons.

« La copie régnait en souveraine absolue, aussi indiscutable que le gouvernement ! On recopiait sur papier timbré les mémoires des fournisseurs, boulanger, boucher, épicier, etc., les comptes, les rapports parlant invariablement, amère dérision, de « nourriture saine et abondante » ; on copiait sous la dictée les circulaires à MM. les Instituteurs de l'arrondissement de Chaumont ; on allait jusqu'à faire concurrence aux agences de publicité naissantes, en copiant les bandes d'adresses à MM. les curés desservants des communes du Tarn, de l'Aveyron et de bien d'autres départements.

« Fallait-il un scribe de plus à l'Académie, on déléguait pendant une quinzaine un de ceux qui avaient la plus belle main. Ah ! l'heureux mortel ! peut être, à la tête de l'usine qu'il dirige aujourd'hui, songe-t-il encore au bonheur d'avoir échappé, ne fut-ce que quelques heures, à la lecture du Paroissien, ou à la récitation de Mgr Daniel !

Me voilà bien loin de l'Exposition scolaire ! J'y reviens au plus vite pour constater une fois de plus que l'Ecole normale de Chaumont est en grand progrès, mais qu'il reste énormément à faire, et que, pour une prochaine Exposition, il y aura beaucoup à ajouter, beaucoup à supprimer. »

Du 4 Octobre 1879.

LES CAHIERS.

Dans l'Exposition scolaire de Chaumont, comme dans toutes les autres, l'attention des simples visiteurs est surtout captivée par les dessins, les cartes, les collections, les travaux de couture, en un mot par tout ce qui frappe la vue. La plupart se contentent de cette étude qui d'ailleurs a son importance. L'homme qui s'intéresse réellement aux choses de l'enseignement va plus loin ; il cherche ce qui, à ses yeux, constitue le fond de l'Exposition : j'ai nommé les *Cahiers*. Ce n'est pas une mince besogne que de les feuilleter tous, que de comparer les méthodes, les procédés, que de juger si tel devoir est bien approprié à l'âge de l'élève et au milieu dans lequel il vit. Je n'ai pas reculé devant cette étude, et je vais consigner ici l'impression qui m'en est restée.

Les cahiers sont nombreux : les uns sur des tablettes, les autres sous des vitrines. Les premiers richement reliés ont eu les honneurs de l'Exposition universelle de 1878 ; les autres modestement brochés ou simplement cousus, et comme un peu honteux de se trouver en une compagnie si parée, donnent, en général, les travaux de la dernière année scolaire. Mieux que les autres peut être, ils permettent de juger les résultats obtenus et la valeur respective des maîtres.

Ces cahiers sont nombreux, je voudrais les voir plus nombreux encore. Il y a à l'Exposition les envois d'environ 110 écoles, 40 pour l'arrondissement de Chaumont, 35 pour chacun des arrondissements de Langres et de Wassy. Pourquoi toutes les écoles ne seraient-elles pas représentées ? Si c'est tiédeur, indifférence, timidité, il faut secouer ces vilains défauts et renoncer désormais à l'abstention.

Je signale aussi tout de suite l'absence trop générale des cahiers du cours moyen et du cours préparatoire. A peine six instituteurs font exception. J'ajoute que le premier cours n'est trop souvent représenté que par le cahier d'un seul élève. Il faut pourtant noter Cirfontaines-en-Azois pour lequel je trouve le cahier de six élèves ; pour Orges, ceux de 3 ; pour Mennouveaux, pour Nogent-le-Haut, pour Hoëricourt, pour Saint-Dizier, ceux de tous les élèves du premier cours ; pour quelques autres communes les cahiers de deux élèves.

Une abstention trop frappante est celle des écoles de filles. Si j'ai bien compté, les écoles de cette catégorie ne sont représentées à l'Exposition qu'au nombre de sept : les écoles laïques de Lanty, de Leffonds, d'Ageville, de Biesles ; les écoles congréganistes de Châteauvillain, de Donjeux, de Fayl-Billot. Et il faut le dire, si les cahiers de ces écoles montrent la bonne volonté, le dévouement des maîtresses, ils révèlent aussi dans la direction une infériorité sur les classes de garçons. Rien ne saurait mieux démontrer la nécessité d'une École normale de filles.

Les conclusions que je vais tirer de l'examen des cahiers s'appliqueront, on le voit, aux écoles de garçons et aux écoles mixtes dirigées par les Instituteurs.

Les cahiers qui ont figuré à l'Exposition universelle ont été faits d'après un ensemble indiqué par l'administration : ils comprennent des plans de l'école et de la commune, et une notice sur cette commune : ce sont ces travaux qui ont valu une récompense collective aux maîtres, sous le titre de *Grande lettre de félicitations*. Chaque cahier contient ensuite un tableau d'emploi du temps, et un programe d'études. Les travaux sont calqués en partie sur les Tableaux-types envoyés par le ministère en 1871 et sur les directions données dans le département de la Seine. Ordinairement, ces programmes, très bien faits, et appropriés, sur divers points, à chaque école, sont bien suivis.

Viennent enfin les devoirs. Presque tous sont l'objet d'un choix judicieux. Trois maîtres seulement ont soumis leur préparation écrite : le *Journal de classe*; c'est un exemple que devraient imiter tous les autres. De ce journal et des cahiers-journaux, anciens ou récents, on peut conclure que les leçons s'enchaînent méthodiquement, que les procédés sont favorables au développement de l'intelligence, que les maîtres n'interrogent plus d'après un livre attendant une réponse imprimée ; mais qu'ils parlent, qu'ils développent, qu'ils donnent à leur enseignement la vie et l'intérêt, que la méthode intuitive se propage.

Ces résumés de lecture, cette explication des mots qu'on a lus en sont une première preuve.

Passons aux dictées. — Non-seulement les fautes sont corrigées, mais la nature, le sens, le rôle et le pourquoi de l'orthographe des mots sont signalés chaque jour. Et quelle variété dans les sujets : toutes ces dictées portent alternativement sur la morale et la religion, sur l'agriculture, sur l'industrie, sur l'hygiène, sur la poésie, sur l'histoire, etc... Combien de conseils utiles sont ainsi donnés ! Je trouve pourtant une dictée avec ce titre : « *La vieillesse des femmes*, » qui ne me semble pas faite pour les enfants. L'abus de l'analyse grammaticale et de la conjugaison ne se présente presque plus. Les petits dessins explicatifs des textes ont peut-être le tort d'être trop bien faits, et, par suite, de prendre beaucoup de temps.

On trouve dans les cahiers un certain nombre d'exercices de composition. On part de simples phrases inventées par l'élève sur un thème donné, de courts développements d'une pensée indiquée, pour arriver à des petites narrations sur des objets qui rentrent soit dans les goûts, soit dans les circonstances ordinaires de la vie de l'écolier, et enfin au style épistolaire. Quoi de meilleur pour élever le cœur et fortifier l'amour du pays que de développer ce sujet que je trouve dans un cahier : *le Drapeau* ! On profite de l'ocasion pour donner des notions de toutes sortes. C'est ainsi que je trouve traité par un élève, le sujet ci-après : *Organisation militaire en France : la loi du 27 juillet 1872 — Réflexions sur cette loi — Le soldat — Divisions — Grades — — Récompenses*. Par là l'école prépare dans l'enfant, le citoyen et le soldat.

Ailleurs, les élèves font des *Promenades scolaires*. Les comptes-rendus qu'ils en ont rédigés, dans leurs cahiers, sont véritablement remarquables. Je pourrais citer bien d'autres devoirs excellents.

Ces devoirs sont annotés par les maîtres. Les notes ne sont pas toujours heureuses ; ainsi, celle-ci, qui est très décourageante. — L'élève n'a pas assez soigné son récit, le maître écrit : — *c'est d'une tristesse mortelle...* — On ne relève pas toujours assez les vices de construction.

L'écriture n'a pas trouvé sa voie définitive ; il y a lutte entre la cursive et l'écriture Flament. Cette dernière réussit parfois. La majorité des cahiers est remplie par une bonne cursive. Un cahier de l'arrondissement de Langres, œuvre du maître, nous donne des modèles remarquables de cette écriture.

L'arithmétique, et tout ce qui s'y rapporte, donne lieu aux appréciations les plus satisfaisantes. On enseigne même avec succès la géométrie usuelle et l'arpentage. J'ai trouvé par ci par là quelques notions d'algèbre. Ces notions sont-elles bien à leur place ?

On trouve encore, dans quelques écoles importantes, des notions de physique, de botanique, de chimie, d'histoire naturelle, de chant. Une école enseigne la *Tenue des Livres* au moyen d'un *magasin en miniature* qui attire vraiment l'attention.

Les résumés d'histoire que j'ai vus portent la trace d'un enseignement réellement national ; mais ces résumés n'existent pas partout. L'indication journalière mise en tête des devoirs fait bien mention de la leçon d'histoire ; seulement cette leçon n'est qu'orale ou étudiée dans le livre et échappe à l'Exposition. J'ai lieu de croire qu'on se perd encore dans les chronologies ou dans des évènements d'un intérêt fort médiocre.

Je n'ai pas parlé de la géographie : on sait, d'après un article détaillé, que cet enseignement est très-prospère. Les cahiers portent de nombreuses traces de cartes et de questions.

Mon examen, très-consciencieux, a été forcément rapide. On me pardonnera facilement, je l'espère, les erreurs ou omissions que j'aurais commises.

Quelques personnes trouvent les cahiers trop beaux, trop faits sur le même moule. Cela peut être vrai — et encore — pour les cahiers préparés en vue de l'Exposition universelle. Pour les autres, ils sont bien frappés au cachet personnel du maître et révèlent son intelligence, son esprit d'initiative. D'autres disent : — tout cela, c'est *recopié*, c'est de la *mise au net*. Il y a, en effet, quelques cahiers corrects ; mais, pour le plus grand nombre d'écoles, on trouve réellement le cahier-journal, le seul véritablement intéressant, car il offre la marque des tâtonnements, des hésitations, des tentatives de l'enfant, de ses distractions même, qu'il est curieux et intéressant pour nous de retrouver et de ressaisir.

Et quand on fait l'inventaire de ces cahiers, on peut dire que cette Exposition constitue dans son ensemble un tableau complet de l'enseignement primaire dans la Haute-Marne. Elle met en relief les qualités, les efforts, le mérite des maîtres : on se convainc qu'ils répondent bien aux aspirations de la société moderne, et il leur est bien permis d'en ressentir un légitime orgueil.

Du 11 octobre 1879.

TRAVAUX DES INSTITUTEURS.

Parmi les travaux personnels des instituteurs, on aura sans

doute remarqué le grand nombre de monographies de châteaux, de forteresses, de villes détruites, etc.

Chacun de ces travaux appellerait une mention spéciale; il y a beaucoup de recherches historiques, archéologiques, beaucoup de restaurations dont on ne saurait mesurer la valeur, sur un simple aperçu, et qui réclameraient toute l'attention d'un archiviste compétent.

Ces œuvres sont entreprises avec tant de dévouement, les documents sont si consciencieusement rapportés, que l'on se demande si toutes ces monographies ne méritent pas l'honneur de figurer dans une bibliothèque à part, où elles pourraient servir ultérieurement à une histoire illustrée de la Haute-Marne.

Ce n'est pas trop présumer de leur bon vouloir, en affirmant que beaucoup d'instituteurs feraient volontiers le sacrifice d'une œuvre qui leur a cependant coûté beaucoup de soins et de recherches.

On ne peut que féliciter et encourager à marcher dans cette voie ceux qui ont si noblement consacré leurs loisirs à élucider ou à raconter quelque trait de l'histoire locale. C'est un sûr garant qu'ils sont attachés à leur village et, par suite, qu'ils y feront d'excellents élèves.

Faut-il vous citer les travaux sur Châteauvillain, Andelot, Lamothe, Vignory, le château du Pailly, sur le canton de Montiérender et tant d'autres ! Dans telle monographie, dont le nom m'échappe, les inscriptions, les objets trouvés à la suite de fouilles, tout est fidèlement rapporté, et l'épigraphie devient ainsi le guide assuré de l'histoire.

Je ne m'apesantirai pas sur les critiques de détail qu'il y aurait à faire sur le côté artistique de certains de ces travaux.

Que pour le château d'Autreville, par exemple, la perspective ne soit pas respectée; que les lettres de la légende explicative laissent à désirer, c'est regrettable, mais ce n'est pas irréparable.

Et puis que de maux l'on se donne quelquefois pour le figuré du terrain ! Que de hachures inutiles dans un travail aussi long que celui qui est consacré à Andelot.

Un moyen assez facile de sortir d'embarras, quand on ne se sent pas assez fort sur les règles de la perspective, c'est de s'unir à un collègue pour faire de la photographie de paysage au collodion sec. On choisit un point de vue convenable et toute difficulté est levée.

Pour le figuré du terrain, il n'y a rien de mieux à faire qu'à choisir et coter quelques lignes de plus grande pente, et donner ensuite les courbes de niveau. C'est un travail extrêmement intéressant et éminemment utile pour les élèves les plus avancés.

Je citerai, dans un autre ordre de travaux, les travaux artistiques de calligraphie, dessin, etc. Ici encore on ne saurait trop admirer le talent des instituteurs de Châteauvillain, de Dommarien, de Foulain, etc., etc. — qu'on me permette de citer l'album de coutellerie et la carte du canton de Nogent par M. Guillemin : tout est dans ces travaux d'un fini parfait. S'il y avait à Chaumont des ateliers d'héliogravure, je voudrais avoir la reproduction de ces travaux.

Même abondance pour les travaux pédagogiques. Rappellerai-je les mémoires de M. Demimuid de Langres, les rapports des instituteurs délégués à l'Exposition universelle ? les rapports de M. Adonis sur les cours d'adultes et les cahiers journaux du canton de Nogent ? Que de bonnes choses à lire, dans ces rapports dont nous allons avoir à faire l'application. Ainsi, par exemple, dans le dernier, n'est-il pas dit que le dessin introduit à tort et à travers au milieu de tous les journaux de classe constitue un véritable gâchis pédagogique ? Avis à qui de droit, car beaucoup de journaux méritent ce reproche.

Ailleurs, l'auteur se plaint du manque de bonne méthode de dessin. C'est peut-être exagéré. Une digression à ce sujet :

J'avoue que, pour mon compte, j'ai une aversion sans bornes pour cette méthode, qui consiste à vous faire faire pendant des années entières, l'esquisse d'un nez, d'une bouche, d'une tête, puis l'ombré de ces esquisses, au moyen de hachures superbement léchées.

On copie ainsi invariablement les plus faibles, comme les plus fortes lithographies, sans jamais être capable de représenter, ou d'imaginer le moindre motif.

C'est cette méthode que j'ai vu appliquer dans maint lycée, méthode barbare, insalubre, fausse comme principe et faussant l'œil comme le jugement.

En cherchant bien dans l'Exposition, on trouverait sans peine quelques traces de cette méthode de copie servile.

Voyez au contraire la méthode Hendrix, autrefois en grand honneur à Versailles. L'élève dessine debout ; force du bras, de la jambe, rectitude du coup d'œil, vous avez là d'un seul coup mille avantages que vous ne soupçonnez guère en voyant un malheureux courbé, les coudes appuyés sur la planchette reposant sur ses genoux, et ne pouvant juger qu'en raccourci.

On commence par le tracé des lignes ; lignes droites en tous sens ; perpendiculaires, obliques, parallèles ; partage des lignes, lignes courbes, courbures harmoniques, etc. Les applications sont déjà nombreuses.

Puis viennent les surfaces planes ; d'abord les surfaces géométriques ; puis les surfaces des feuilles des différents arbres ; analyse de la feuille en partant de l'enveloppe générique idéale, ramenée à une figure géométrique. Les applications sont de plus en plus intéressantes.

Enfin les solides réguliers, les troncatures, les pénétrations et la perspective viennent compléter, d'une manière entièrement rationnelle, l'étude du dessin à main levée.

Veut-on ensuite faire une copie ? c'est absolument indifférent de la faire égale, agrandie ou réduite.

Veut-on représenter un objet d'après nature, par exemple la tête humaine ? On part de l'enveloppe générique et l'on recherche les plans rentrants ou saillants, les plans d'ombres ou les plans lumineux ; et l'esquisse est d'une solidité, d'une fidélité dont rien n'approche.

Une telle esquisse est véritablement du dessin, et conduit droit à la peinture.

Mais qu'on est loin par cette méthode, des mille petits détails de pointillé ou de hachures, qui fourmillent dans les cahiers d'enfants.

Les enfants ont un goût prononcé pour les hachures ; faites la description d'un appareil, et demandez qu'on le reproduise en quelques traits ; il est rare que l'élève se borne aux contours ; il va perdre un temps précieux à enjoliver d'une manière ridicule ce qui est mal dessiné.

A mon avis, j'ai donné une réponse à la lacune signalée plus haut ; à vous d'essayer, si vous le jugez utile !

Parmi ces travaux, quelques-uns ne dénotent pas toujours autant de talent que je me plais à en reconnaître dans les quelques mémoires ci-dessus.

Pourquoi la note gaie ne se rencontrerait-elle pas au milieu de l'Exposition la plus sérieuse ? Et ma foi la voici peut-être :

Voici l'influence de l'ornithologie sur les mœurs des habitants d'une commune que nous supposerons être celle de Roche-sur-Marne, si cette supposition ne vous gêne pas.

Qu'ils étaient grossiers les habitants de ces pays sauvages ! ils n'avaient conservé d'humain que la face ! leurs petits étaient d'ignobles brutes, gueux de province, dépenaillés dont J. Richepin eût été fier de nous donner le portrait !

Aujourd'hui, ce sont des anges ailés ; l'urbanité, l'aménité, la gentillesse, la douceur sont les moindres apanages de ces enfants bénis du ciel.

Une fée, de sa baguette magique, a changé tout cela. Cette fée, c'est.... l'Ornithologie !

Oui, dans cette terre naguère inexplorée, on a pris les mœurs des oiseaux, on est fidèle et on roucoule comme eux, on ne s'y donne que des noms d'oiseaux !

Mères de famille, si votre enfant est rebelle, faites de l'ornithologie ; dites-lui : « mon canari ! » montrez-lui l'exemple de l'amour des petits oiseaux pour leurs parents, et il obéira. Que n'enseigne-t-on l'ornithologie chez les Canaques ou à Caboul ? L'ornithologie ! c'est si touchant, cela va droit au cœur ! on est ému, puis convaincu, et on finit par croire que c'est arrivé.

L'auteur de ce mémoire fait ou fera partie de la Société protectrice des animaux.

Que dirait-il, s'il voyait l'immense tableau des oiseaux utiles et des oiseaux nuisibles à l'Agriculture ?

Peut-être, pensera-t-on comme vous et moi, que ces enlacements de feuillages, ces enjolivements, ces dessins copiés à droite et à gauche dans tous les traités d'agriculture ne valent pas grand'chose, au point de vue du but à atteindre.

Voici qui est plus prosaïque : l'enseignement de la chimie au collège de Vassy. Que je vous plains ! mes pauvres enfants ! Si l'on vous empeste déjà à l'Ecole primaire avec cette boîte à réactifs.

Prenez-y-garde ! C'est bien dangereux souvent, si c'est quelquefois amusant.

Vos appareils ne m'inspirent qu'une médiocre confiance. Ces bibelots du regretté père Balard ont du bon ; mais il ne faut pas pousser la chose à l'excès.

Petits appareils, petite dépense de matériel et de produits, et dangers nuls ; telle était sa théorie, et elle était vraie. Je retiens surtout les lampes à alcool faites avec de vieux encriers, et les tubes à entonnoir.

Un tube à entonnoir bien fait coûte 1 franc ; le vôtre ne coûte que 1 centime, et il vaut mieux. Inutile d'en donner les raisons ; mais qu'il est mal fait !!!

Dois-je citer ce travail de patience où M. Lesourd a consigné les propriétés et applications des corps énumérés par ordre alphabétique ; puis les propriétés amusantes et les recettes à l'usage des gens du monde ?

Et il a eu la patience de copier cela deux fois !

Si seulement les corps étaient classés par familles, le tableau synoptique aurait peut-être quelque raison d'être.

Prenez, par exemple, la classification de Mendéleff, permettant *a priori* de trouver les trente et quelques corps réputés simples qui restent à découvrir, et montrez alors par un tableau que les propriétés générales sont fonction des poids atomiques, rien de mieux ; le tableau aura sa raison d'être.

Mais prendre l'ordre alphabétique pour base d'un tableau, à quoi cela sert-il? Avez-vous jamais vu un dictionnaire en tableau synoptique?

Et puis, au point de vue de la mémoire ou du jugement, que valent les applications, morcelées en recettes utiles ou simplement récréatives? C'est là un singulier aide-mémoire.

Enfin êtes-vous bien sûr des expériences rangées sous le titre : corps qui s'enflamment spontanément?

Vous citez à tort le chlorate de potasse et l'acide sulfurique.

Il y a simplement détonation par l'action de la chaleur et pas d'inflammation. Où est en effet le combustible?

Vous auriez dû ajouter : quand ces corps sont mélangés avec quantité convenable de lycopode, farine, amidon, sucre en poudre, etc.

Voyez de même si, en projetant du soufre ou de l'étain dans le chlore, il y a inflammation spontanée.

En résumé, temps perdu, non pas pour vous, mais pour les élèves, au service de la meilleure intention.

On s'arrête autour d'un appareil cosmographique sur lequel chacun dit son mot. Eh bien, faut-il le dire? Je n'ai entendu qu'une seule personne en parler avec connaissance de cause dans une courte conférence à ses élèves autour de cet appareil. Mais ne relevons pas ce qui a été dit, contentons-nous de réfuter ce qui a été écrit.

Il faut bien que j'en prenne la défense; il est là sans notice explicative, c'est son plus grand tort.

L'un trouve que le réflecteur en *fer-blanc* (il est en cuivre argenté, on peut se tromper de cela), est proportionnellement moins gros et moins éloigné de la boule figurant la terre, que le soleil par rapport à la terre!

Et il s'étonne de cela! — cela va donner des idées fausses! — Excusez-le, car il n'a calculé ni quel serait le volume du soleil, ni où il faudrait le placer.

Puis, distance à part, il trouve que la terre est 2 à 300 fois plus grosse que le satellite représenté. — Encore une illusion.

Vérifiez les diamètres, vous verrez si celui de la lune n'est pas les 3 onzièmes de celui de la terre.

Ne relevons pas ses autres réflexions ; elles sont de la même force.

Cet autre voudrait un réflecteur parabolique. A quoi bon? est-ce que la bougie est un point mathématique ? Avec un miroir sphérique, la lumière étant sur l'axe et dans le plan focal principal, les rayons réfléchis sont parallèles à l'axe, sauf une insignifiante aberration de sphéricité, et il n'y a pas à parler de lumière diffuse.

Il n'y a pas davantage à *concentrer* les rayons lumineux, car, s'ils convergeaient vers un centre, ils ne seraient plus parallèles comme le sont sensiblement les rayons solaires.

S'il y a quelque chose à reprocher à cet appareil, c'est que le réflecteur a un trop faible rayon de courbure, et la bougie ne saurait, à cause de cela, être placée au foyer principal ; elle est à plus d'un centimètre trop en avant ; on pourrait aussi munir le réflecteur inférieurement de deux tiges horizontales, glissant dans deux oreilles de chaque côté du chandelier pour placer la bougie plus facilement au foyer.

Mais c'est là un détail insignifiant ; et tel qu'il est, cet ingénieux mécanisme est de la plus grande utilité pour l'enseignement des éléments de cosmographie.

Eclipses de soleil, de lune, inclinaison de l'écliptique, orbite lunaire, mouvements et phases de la lune, tout se grave dans la mémoire, car tout s'explique clairement et simplement avec ce précieux appareil.

J'en souhaite un pareil à chaque école.

En résumé, les travaux des maîtres sont d'une manière générale des travaux choisis et il n'y a guère que des éloges à adresser.

Nous verrons une autre fois les travaux des élèves, et, si cela ne vous ennuie pas trop, nous discuterons quelques questions de méthode.

Du 15 octobre 1879.

DEUXIÈME LETTRE D'UN VISITEUR.

Voici une trouvaille :

Connaissez-vous la carte du *Pays de Tendre* dont Mlle de Scudéri a orné son roman de *Clélie*? Non, n'est-ce pas. Je suis des rares fureteurs, qui aient eu la patiente curiosité d'aller la chercher dans cette fade et interminable histoire. Ce pays, comme l'indique son nom, est celui de l'amour, mais de l'amour délicat, discret et soumis. On y pénètre par la barrière des *Respects*; puis on s'embarque sur la rivière d'*Inclination*; on relâche assez longtemps au hameau de *Petits soins*, et l'on fait sa quarantaine dans le lac d'*Indifférence*; enfin, après avoir adroitement contourné l'écueil du *Refus*, on entre à pleines voiles dans le grand fleuve de *Tendre* qui traverse tout le pays... Mais je vous fais grâce du reste du voyage et de ma facile érudition.

J'ai trouvé, j'ai déterré dans un immense carton, où elle avait la modestie de se cacher, une carte du même genre; moins ornée, il est vrai, que celle du *Tendre*, car elle ne consiste qu'en lignes et en noms allégoriques. Elle vous représente un pays que vous parcourez tous les jours sans jamais le connaître : C'est la carte de la *Vie morale*. Toutes ces lignes partent naturellement du même point, le *Berceau*. Aussitôt commence une bifurcation : A gauche, s'élance une ligne droite et raide qui aboutit d'emblée à la *Tombe*, une jolie tombe, avec un ange par dessus : c'est la route du *Bien*. Elle commence par *Sourire gracieux* et *Aménités enfantines*, passe par *Religion*, traverse *Bon père* et *Bon époux* : (on a oublié *Bon garde national*). Enfin elle se termine par *Entourage affectueux de petits enfants*, joli village qui affecte la forme d'un S gracieux.

La route du *Mal* est à droite.

Pourquoi à droite? Quand un officier a pris la droite, il en est heureux. L'auteur voudrait-il faire entendre que l'armée française choisit exprès le mauvais chemin ? Qu'il y prenne garde ; il pourrait s'attirer de méchantes affaires. Cette ligne, contrairement à celle de gauche, se recourbe, se bifurque, monte, descend, se roule, se tord sur elle-même comme un serpent. Elle part du hameau des *Mauvais instincts*, pour arriver au rond point de *Dévergondage*. Là, elle se bifurque : Si vous prenez l'embranchement de gauche, vous arrivez par une montée rapide à l'*Hôpital*, palais royal des misérables et des poëtes ; par l'embranchement de droite, vous n'avez que quelques pas à faire, en traversant *Isolement*, *Désœuvrement*, *Insomnie*, *etc.*, pour arriver à un vieux chêne dont une branche décharnée porte, en guise de fruit, un pendu : c'est le bourg du *Suicide*. Mme de Sévigné eût pris plaisir à passer par là, elle qui trouvait que le soir les pendus faisaient bon effet dans les bois. Mais j'imagine que les bambins de l'école, qui n'ont pas des goûts aussi raffinés, mettront au pied du chêne l'écriteau qui orne la couverture des livres de tout bon paresseux :

Aspice Pierrot pendu
Pour n'avoir pas ce livre rendu.

Nous arrivons au dernier embranchement. Oh ! celui-là est horrible. Il se courbe en replis tortueux, comme la croupe du monstre d'Hippolyte ; il traverse *Escroquerie*, passe deux fois par *Vol*, s'infléchit à *Prison*, puis se précipite vers *Galères*, et tombe enfin dans *Condamnation à mort*. Mais vous n'êtes pas encore au bout. Ce bout c'est *Larmes de repentir*, station suprême, représentée par le banc de la cour d'assises, où pleurniche un affreux gredin, assis à l'Orientale, une jambe en l'air.

Cette fois, c'est fini, tout à fait fini ; car j'espère bien que ces *Larmes de repentir* n'attendriront pas le Président de la République et que le recours en grâce sera rejeté.

Avais-je raison de vous parler de trouvaille. Mais j'aime à penser qu'elle est unique : nos instituteurs sont trop intelligents pour tomber dans ces habitudes de pédagogie congréganiste. Ces fades abstractions, ces mièvreries allégoriques ne peuvent que fausser l'esprit des enfants.

C'est égal ; je suis content de ma découverte : c'est la note gaie de l'Exposition.

TRAVAUX DE COUTURE.

La partie de l'exposition scolaire consacrée à l'exhibition des travaux à l'aiguille est, pour qui s'y arrête et l'examine d'un œil expérimenté, la source d'un véritable intérêt ; il y a là matière à admirer et même à s'étonner quelque peu. Comment, en effet, dans les quelques années consacrées à l'éducation et à l'instruction des filles, qui comporte maintenant un programme assez étendu, est-il possible d'arriver à obtenir d'enfants, relativement jeunes, un tel degré d'habileté et une si grande diversité d'applications de ce genre d'étude ? Certes, il n'entre pas dans notre pensée de contester la place importante que doit occuper la couture parmi les diverses connaissances qu'on exige de la femme ; à quelque position qu'elle soit appelée, faire œuvre de ses doigts, être industrieuse, habile, experte, est pour elle une nécessité. Maintenant, au milieu de travaux si nombreux, si divers, la couture proprement dite est-elle suffisamment représentée ? C'est là une critique que nous nous permettions d'exprimer, surtout en ce qui concerne les écoles primaires, là où l'on a pour mission spéciale, tout en développant et cultivant les diverses facultés des filles, de les préparer à devenir, dans des conditions modestes, de bonnes ménagères, de sérieuses et dignes mères de famille. Elles ont donc à acquérir particulièrement des notions de ce qui doit profiter au plus grand bien-être de tous et s'appliquer, en ce qui regarde la couture, à la taille, à la confection, à la réparation, au raccommodage des différents objets qui constituent le vêtement. Tout en admirant les nombreux spécimens fort habilement travaillés que nous avons sous les yeux, notre attention s'arrêtera plus particulièrement aux modèles de couture usuelle. Deux modestes albums fermés, que nous avons ouverts, nous ont offert une série variée de vêtements d'un usage journalier, tels que chemise, robe, tablier, bonnet, bas d'enfant tricotés, qui témoignent de la sage direction donnée à l'enseignement dans ces matières et dans le travail desquels on ne sent pas trop l'aide et la retouche de mains plus expérimentées. Citons encore les brillants et volumineux albums qui s'offrent à notre admiration, après avoir occupé à l'exposition de 1878 un rang très honorable. Les modèles qu'ils nous présentent sont traités avec une habileté consommée et sont aussi variés que nombreux. La confection de dentelle, filet, crochet, broderie, a de nombreux spécimens dans chaque exposition particulière ; la lingerie fine, le tricot y tiennent aussi une place importante ; en général, on est passé maître dans l'art du reprisage perdu et de la reconstitution des tissus variés. Somme toute, l'impression qu'on emporte est celle-ci : nos filles du département de la Haute-Marne ne le cèdent à aucune pour les travaux qui exigent la sûreté du goût et l'habileté de la main. Mais cela ne suffit pas, et nous voulons espérer que le progrès s'étendra jusque sur les autres branches d'instruction destinées à former la femme intelligente et sérieuse que réclame l'état actuel de la société.

Enfin, répétons que dans ces splendides albums, où l'on ne distingue pas assez la part de l'élève et celle de la maîtresse, les belles choses abondent un peu trop. Il y a là des broderies si fines, des robes de poupée si mignonnes, des colifichets si délicats, si ténus, qu'on les dirait sortis des doigts de quelque fée travaillant pour un prince des *Mille et une nuits*. C'est surtout dans les albums des sœurs qu'on rencontre ces petites merveilles. Mais n'oubliez pas, mesdames les institutrices, que vos élèves épouseront plus rarement un prince « *beau comme le jour* », qu'un robuste travailleur dont elles devront faire les chemises de grosse toile, raccommoder la blouse et ravauder les bas. Tout cela n'est pas très poëtique, j'en conviens ; mais c'est une œuvre utile, nécessaire ; c'est même, croyez-m'en, une occupation salutaire à l'âme. Je ne suis pas puritaine au point de proscrire les travaux de luxe, ni même les riens charmants, mais avant tout pensons à l'utile.

Du 22 octobre 1879.

LE JOURNAL *LA HAUTE-MARNE*

A L'EXPOSITION SCOLAIRE.

Le journal *La Haute-Marne* a, comme nous, visité l'Exposition scolaire, et il a rendu compte de ses visites. Nous ne parlerions pas de son appréciation, qui importe assez peu aux maîtres et au public, s'il ne nous avait, à cette occasion, pris à partie.

La Haute-Marne nous trouve trop optimiste. Ceux qui ont lu les articles, dus à des correspondants fort divers, publiés dans l'*Union*, au sujet de l'Exposition, savent ce que vaut ce reproche.

Le *Passant*, entre autres, a eu des critiques assez vives : nous n'en avons pas moins accueilli son travail, persuadé qu'il est bon que tous les jugements se produisent. La louange unique et continue perd, par sa banalité, toute sa valeur. Nous comprenons donc assez peu le reproche que nous adresse *la Haute-Marne*. Nous avons, il est vrai, constaté que l'Exposition révélait un grand progrès accompli. En cela, nous sommes d'accord avec l'immense majorité des visiteurs et avec tous les hommes compétents. Mais *la Haute-Marne* ne veut pas entendre parler de progrès. Il y a 20 ans, l'instruction était bien plus avancée qu'aujourd'hui dans nos écoles primaires.; c'est du moins ce qu'elle affirme. Cette appréciation surprendra sans doute les hommes de trente à quarante ans qui se souviennent de leur enfance.

La Haute-Marne veut bien, toutefois, reconnaître la supériorité de l'enseignement donné à l'Ecole normale ; mais cette supériorité tient à ce que *le plan d'instruction religieuse est magnifi-*

que. Elle tient aussi à ce que le rédacteur a *un sien cousin* sorti de cette école. Notons, en passant, que l'album de l'Ecole normale, qui a obtenu une récompense, bien méritée, à l'Exposition universelle de 1878, a suscité, à cette époque, quelques critiques de la presse parisienne et que ces critiques portaient justement sur ce « *magnifique plan d'instruction religieuse.* »

Mais *la Haute-Marne* ne juge pas comme tout le monde. Elle fourre la religion partout, au risque de la compromettre, ce qui d'ailleurs lui serait fort indifférent ; pourvu qu'on s'en serve à bon escient, qu'on joue de cet instrument politique au profit de son ambition et de ses visées, cela suffit. Mais encore faut-il en jouer habilement et ne pas s'écrier trop fort, par exemple, que la religion « *règle les sens que soulèvent les passions,* » sous peine de rappeler au lecteur, le souvenir de certains cléricaux qui vont aux Champs-Elysées faire la besogne que l'on sait.

Enfin, l'Ecole normale est bonne. Tant mieux !

Quant aux instituteurs, ils n'ont pas l'heur de plaire à *la Haute-Marne*. Après en avoir nommé quelques-uns avec éloge, elle s'empresse de faire remarquer qu'on n'a exposé en général « *que de brillantes inutilités.* » Les cahiers qui ont figuré, non sans quelqu'honneur, à l'Exposition universelle : « *sont prétentieux et nuls* »; l'Ecriture est « *maigre* »; *l'élève a perdu toute son année à un travail stérile.* »

Conclusion générale : « *C'est du charlatanisme niais.* »

Donnez-vous de la peine, braves instituteurs ; consacrez votre jeunesse à l'étude, votre âge mûr à vos pénibles fonctions ; usez à cette œuvre vos forces et votre santé, pour que quelque pédant clérical, sans compétence, sans goût et sans style, vienne vous dire, au bout de votre carrière : « *tout ce que vous avez fait n'est que charlatanisme et niaiserie.* »

Ce qu'il y a de piquant, c'est que ledit clérical ajoute, avec une naïveté que je ne sais comment caractériser : « *J'espère que l'on ne verra dans ces remarques aucune intention de critique austère.* »

Tudieu ! Monsieur, comment traitez-vous donc les gens, quand vous êtes austère ?

En tout cas, nos instituteurs sauront désormais de quel côté sont leurs ennemis et de quel côté leurs amis.

Nous devons cependant avouer que *la Haute-Marne* s'adoucit quelquefois : c'est lorsqu'elle parle des instituteurs congréganistes. Ceux-là, elle les caresse, elle les choie, elle les presse sur son cœur, elle les appelle avec une douce familiarité : *mes chers ignorantins*. Avec quelle onction elle admire leurs travaux ! Jusqu'à cette armoire remplie de bougies de carton et de pains de sucre en bois ! A propos de l'appareil cosmographique destiné à démontrer le mouvement de la terre autour du soleil, elle reproche à notre *Visiteur*, qui d'ailleurs en a parlé avec éloge, de n'avoir pas dit qu'il était l'œuvre d'un frère. Elle aurait dû elle-même dire que ce frère n'appartient pas aux écoles de la Haute-Marne ; ensuite que ce même frère, constructeur de l'appareil, n'a d'autre mérite que celui d'un ouvrier horloger ; car il a reproduit simplement ce qui existe depuis longtemps ; enfin elle aurait dû remarquer que notre *Visiteur* avait évité de nommer personne, pas plus les instituteurs laïques que les congréganistes. Serait-ce donc trop exiger de notre confrère que de lui demander de la bonne foi ?

Lorsque le public examine cet appareil et observe le réflecteur devant lequel se trouve une bougie, on entend souvent répéter ce vœu : « *Je voudrais voir cette bougie allumée.* » On réclame les lumières. Devinez ce que réclame le rédacteur de *la Haute-Marne* ? Je vous le donne en mille. Mais non, vous ne trouveriez pas, et si je me bornais à vous le dire, vous hésiteriez à le croire. Il faut citer textuellement ; « *Mon ami et moi, nous cherchions en vain l'*ÉTEIGNOIR. » A la bonne heure ! Voilà le mot lâché, le vrai mot, le cri du cœur, le cri de ralliement du cléricalisme :

Eteignons les lumières
Et rallumons le feu.

Et *la Haute-Marne* ose, l'imprudente, évoquer Molière ! « *Si Molière apparaissait.....* » dit-elle. Ah ! oui, s'il apparaissait, comme il flagellerait le cléricalisme ! Quelle variété de tartuffes il trouverait aujourd'hui ? Que de charlatans de miracles !

La Haute-Marne aime tant *ses chers ignorantins,* qu'elle regrette qu'on ait délaissé les verges. Il y a bien encore, par ci par là, dans certaines écoles, des procédés aussi intéressants que cuisants ; mais c'est l'exception ; et puis l'Université apprécie peu ces moyens pédagogiques. Aussi comme *la Haute-Marne* la traite, cette pauvre Université ! *C'est le pelé, le galeux, qui a fait tout le mal.* Si elle se relève jamais de ce coup !.... Quant à notre confrère, il est pour les moyens énergiques, il est pour les verges :

C'est nous qui fessons et qui refessons,
Les jolis petits, les jolis garçons.

Donnons-lui donc des verges.

Il termine sa filandreuse diatribe par un coup de pied à notre adresse ; coup de pied bien maladroit. Il nous appelle *chauvins* ; grosse injure à ses yeux. Nous confesserons, pour parler la langue de *la Haute-Marne,* que nous méritons quelque peu ce reproche ; et ce qui est fâcheux, c'est que nous ne pouvons le lui renvoyer. On n'accusera jamais de chauvinisme ceux qui placent leur patrie au Vatican et qui, au nom du *Sacré-Cœur,* veulent sauver Rome avant tout, et la France par surcroît, et pour la rime.

ÉCHO DE LA HAUTE-MARNE.

Des 24 et 27 septembre 1879.

VISITE HUMORISTIQUE.

Remontons à 50 ans. Alors je fréquentais l'école avec 350 élèves de tous les âges. Nous avions une salle unique où se promenait gravement un vieux magister en redingote à sous-pieds d'un vert indescriptible, tenant d'une main une férule en cuir noir et de l'autre une grande règle plate et mince qu'il appliquait souvent sur nos têtes indociles. Je faisais des *bâtons* et j'apprenais à épeler dans le psautier avec de robustes gaillards ayant le double d'âge de moi et sachant à peine signer leur nom. Ceux d'entre eux qui distinguaient le substantif de l'adjectif et qui connaissaient le gérondif de Lhomond étaient rares : nous les admirions sans pouvoir les imiter. Mais nous étions comme des académiciens auprès des ruraux. Notre immense et nauséabond galetas, où nous étions entassés comme des harengs, était une salle du Louvre comparée à leurs réduits. Et notre grave vieillard, toujours le même, secrétaire de la mairie, était un homme illustre auprès du chétif chantre au lutrin, sonneur et fossoyeur rural à 200 fr. de salaire, quand il les avait. — J'en appelle, à cet égard, aux souvenirs de mes contemporains encore nombreux et qui touchent à leur cinquante-huitième hiver.

Combien les choses ont changé! Nous avons eu depuis la vapeur, les chemins de fer, les télégraphes électriques et les chemins vicinaux. Il y a 50 ans, quand j'allais voir mes grands oncles, à 26 kilomètres de mon berceau, je ne trouvais pour chemin que des fondrières, des bourbiers, des marécages, des flaques d'eau ressemblant à des lacs. Il fallait deux heures, dans une charrette qui démantibulait le corps, pour faire 5 kilomètres avec un cheval sachant nager et un conducteur connaissant la direction à suivre au moyen d'indications sidérales, comme les Indiens savent trouver la leur sans boussole. Pour entreprendre un tel voyage, les hommes hardis, mais prudents, faisaient leur testament, car n'en revenait pas qui voulait sain et sauf : on l'entreprenait au péril de ses jours, sans compter avec les rhumatismes.

Hélas ! j'en ai vu bien d'autres ! J'ai vu de petits cultivateurs, comme celui qui payait en fermage le blé qui a fourni le pain de mes jeunes années, mettre cinq mois pour tirer le grain que les rats laissaient dans leur maigre moisson. Et encore se faisaient-ils aider par des batteurs en grange qui travaillaient depuis trois heures jusqu'à cinq heures du soir, pour 8 sous par jour. Et pourtant alors on chantait, on dansait, on riait, on s'amusait et l'on buvait..... de l'eau. Il est vrai que l'on fait tout cela aussi et encore autre chose chez les Iroquois, les Kataquois, les Kannaques, chacun s'amusant comme il le peut et à sa manière. Ce qui ne prouve point que celle des sauvages soit la meilleure.

Ce qui m'a le plus frappé, c'est la première machine à battre que j'ai vu dans mon pays. « *C'était une œuvre de Satan, bonne pour affamer le pauvre monde.* » *Les journaliers d'alors voulaient la brûler, aussi le propriétaire et sa maison..... On n'avait pas le droit de supprimer le pain au père de famille.....* A présent, nous avons des machines à battre, à vapeur, à l'eau, à cheval, même à bras, chez tous les agriculteurs, selon l'importance de l'exploitation ; des faucheuses, des moissonneuses automatiques faisant vingt fois de travail et en vingt fois moins de temps que l'homme, en lui évitant tout travail pénible, et le journalier est payé 3 fr. 50 par jour au lieu de 8 sous — quand on peut l'avoir, tout le monde se plaignant que les bras manquent à la terre.

Toutes les choses ont suivi la même et constante loi de progrès, malgré les bouleversements politiques et les tourmentes nationales, si graves qu'elles aient été. La terre, de mieux en mieux cultivée, a décuplé sa puissance de production et acquis une valeur correspondante. L'aisance générale a suivi cette loi et il n'est pas jusqu'à la durée moyenne de la vie de l'homme qui ne se soit accrue dans des conditions réjouissantes pour qui aime l'humanité.

A quoi devons-nous ces merveilles, sinon à une plus grande diffusion des lumières, c'est-à-dire à l'instruction, aux sérieux et incontestables progrès de l'enseignement général..... la véritable science étant l'unique mère de tous les progrès ?

Nous n'en finirions pas, si nous voulions passer en revue tout ce qui s'est produit de bon pour tous au XIXᵉ siècle, depuis 50 ans et qui est souvent contesté. Bornons-nous à cette simple citation :

« Laissez dire les sots ;
« Le savoir a son prix. »

Il est temps de rentrer dans le cadre de notre sujet, c'est-à-dire de revenir à l'exposition scolaire départementale ouverte depuis le 8 septembre dans la grande salle des adjudications de la Préfecture. Nous commençons tout d'abord par la description sommaire de son intelligente organisation.

Toutes les meilleures écoles de garçons et de filles du département sont représentées par des travaux choisis. La salle est décorée avec un goût qui fait le plus grand honneur à M. Ferrand, commis de l'Inspection académique, principal organisateur, sous la direction de son chef, M. Duponnois, inspecteur d'académie, fonctionnaire aussi éclairé que bienveillant. Elle se prêtait, d'ailleurs, à merveille à une exhibition de cette nature. Ses grandes baies ont été fermées et ses hautes murailles tapissées de plans, de cartes murales, de dessins qui rivalisent de finesse et de perfection. Au fond, sont étalés tous les ouvrages de couture : on dirait qu'ils sortent de la main des fées. En face et à l'autre extrémité, entourés de trois trophées de drapeaux, sont trois chefs-d'œuvre, dessins de l'habile professeur M. Hector Guiot, qui ont eu les honneurs du Salon de Paris. Nous avons admiré, dans les tentures murales des travaux de maîtres et des travaux d'élèves qui laissent bien loin derrière eux la lithographie et la chromolithographie. A droite, au fond de la salle, en entrant par la rue, on trouve une carte de la Haute-Marne, travail d'un jeune homme de 14 ans, de l'école de Voisey, qui est un petit chef-d'œuvre. Les graves in-folio manuscrits des instituteurs distancent ceux des Bénédictins et s'étalent, ornés de splendides reliures, sur des tablettes. On ne saurait que dire aux amateurs : allez les voir et vous serez bien difficiles si vous ne sortez pas aussi surpris qu'enchantés. Tout n'est pas merveilleux cependant à l'exposition scolaire. Il y a des choses qui doivent s'étonner d'y figurer. Mais il faut être indulgent pour un premier essai qui, sauf quelques taches, est d'ailleurs un succès. Il y a aussi de l'industrialisme parisien qui se fourre partout, de la librairie classique, des tableaux d'histoire naturelle qui ne déparent point la salle, mais laissent le visiteur assez indifférent, parce qu'ils ne révèlent pas, comme tout le reste, le grand, l'indéniable progrès qui s'est accompli dans la Haute-Marne, aussi bien au fond des campagnes, dans de modestes villages, qu'au sein des villes, et qui n'avait pas encore été constaté publiquement. Aujourd'hui, l'Université fait mieux que sentir sa force, elle en rend le public juge. En visitant cette Exposition, qui ne fait pas de bruit, mais qui tiendra une grande place dans l'avenir, on est tout fier d'être haut-marnais et on comprend pourquoi ce beau et bon pays occupe avec orgueil un des premiers rangs, pour l'instruction primaire en France.

Nous avons remarqué particulièrement un mécanisme ingénieux pour démontrer la double marche de la terre sur elle-même et autour du soleil, et la marche de la lune autour de la terre et avec cette dernière autour du soleil. Le soleil, astre à peu près fixe, 1,400 mille fois plus gros que la terre, est représenté par un disque concave, poli, placé sur un poteau devant lequel on pose une bougie allumée. Cet astre, comme on le sait, est le centre du système planétaire et contient une atmosphère lumineuse. La terre en est distante d'environ 153,500,000 kilomètres. Elle décrit en 365 jours l'écliptique de 360 degrés. Elle parcourt tous les jours un arc de son orbite de 2,640,500 kilomètres. Cette vitesse équivaut à 35 kilomètres par seconde, c'est-à-dire est plus rapide que la vitesse du boulet de canon. Et, en même temps qu'elle franchit ainsi l'espace, elle tourne encore sur elle-même en 24 heures. Quant à la lune, 49 fois plus petite que la terre, dont elle n'est distante que de 96,000 lieues, elle tourne autour de la terre en 29 jours et autour du soleil avec la terre en 365 jours.

L'auteur du mécanisme cosmographique dont nous parlons n'a pas eu la prétention d'observer les proportions des corps célestes et les distances qui les séparent. Ainsi, le soleil en fer blanc et à bougie n'est pas 1,400 mille fois plus gros que la terre, et la lune qui ne doit être que 49 fois plus petite que la terre, paraît 200 ou 300 fois moindre. La distance du soleil à la terre n'est pas mieux respectée que la distance de la lune. Enfin, la rotation de la terre sur elle-même paraît beaucoup plus rapide qu'elle ne doit l'être par rapport à la vitesse de sa course autour du soleil. Mais ce sont là des points secondaires. Le maître peut suppléer, par des explications, aux données fantaisistes qu'il fallait fatalement admettre pour rendre possible un tel système cosmographique, et il n'en est pas moins vrai qu'il y a là un instrument bien supérieur aux mappemondes en globe et qui peut permettre d'enseigner beaucoup plus clairement et rapidement la cosmographie élémentaire.

Quant à la cosmographie universelle, qui pourrait avoir l'audace de vouloir l'enseigner?

Le soleil, il est vrai, est le centre éblouissant de notre système céleste et notre petite planète en est pour nous l'objectif principal. Mais qu'y a-t-il au-delà du système planétaire que nous connaissons? Si loin que puisse aller la pensée, elle succombe frappée d'impuissance et désespérée devant l'infini. On nous affirme, et cela peut bien nous faire rêver, que le soleil est 1,400 mille fois

plus gros que la terre. Ne pourrions-nous pas avancer, à notre tour, qu'il pourrait bien y avoir, dans l'espace sans bornes, des milliards de soleils 1,400 millions de fois plus gros que celui qui nous éclaire, puisque dans l'infini il peut y avoir des systèmes planétaires à l'infini compliqués des millions de fois comme le nôtre ? Etant donnée la subordination des planètes à l'égard des astres et l'humilité servile des satellites envers les planètes, la belle sarabande que tous ces corps célestes doivent danser dans le temps et l'éternité ! Quel dommage que la verroterie envoyée à l'Exposition par les industriels spéculateurs de Paris, pour épater les badauds, n'ait pas encore atteint le degré de perfectionnement voulu, pour que nous puissions d'ici voir avec elle les évolutions de tous les mondes suspendus dans l'infini ! Plus nous étudierons cet infini (et nous reconnaissons que l'Exposition scolaire n'en est pas précisément l'image), plus grand, plus incommensurable serait l'abîme intellectuel qui s'ouvrirait devant nous. En effet, Pascal n'a-t-il pas dit à peu près ceci à propos de l'éternité : « *Figurez-vous un diamant gros comme
« la terre, sur lequel un moineau viendrait tous les millions
« d'années donner un coup de bec ; quand il aurait usé ce dia-
« mant, il aurait toujours devant lui l'éternité.* » Si Pascal n'a pas dit tout à fait comme cela, nous le disons. Et nous ajouterons, pour avoir une autre image de l'infini : « *Supposez que la
« terre soit réduite en poussière, que les grains de cette pous-
« sière puissent être transformés en soleils entourés d'innom-
« brables étoiles et que vous puissiez les placer dans l'espace,
« vous n'épuiseriez pas l'infini et vous pourriez éternellement
« recommencer la même œuvre.* »

Et que n'est-ce pas, si nous acceptons la doctrine de la pluralité des mondes et leur peuplement en animaux vivants d'espèces variables, selon la puissance de ces mondes ? Pourquoi n'adopterions-nous pas encore une autre théorie, celle qui enseignerait que tous les corps célestes sont eux-mêmes des animaux vivants, y compris la terre, ayant d'innombrables aquarus à leur surface et dans leurs flancs, comme nous sommes nous-mêmes une des innombrables variétés d'aquarus de la terre ayant les nôtres comme tout ce qui est animé sur la terre?

Ne poussons pas plus loin un examen suffisant pour nous démontrer la misère de notre espèce, l'inutilité de nos recherches, le néant de notre orgueil, si grand que nous voudrions qu'il fût. Nous ne sommes rien, nous ne valons rien devant l'infini et l'éternité, — pas même ce que vaut un grain de poussière devant l'univers, — et c'est avec raison qu'un grand poëte a pu dire de nous :

« De la Chine au Japon, de Paris jusqu'à Rome,
« Le plus sot animal, à mon avis, c'est l'homme. »

Et il aurait pu démontrer, avec le même esprit, qu'il est aussi le plus méchant, puisque, poussé toujours par les passions les plus déplorables et les plus funestes à son bonheur, il ne fait que se combattre et ne cherche qu'à s'entre-détruire.

Heureusement que les efforts des petits méchants restent toujours stériles et ne se retournent que contre eux-mêmes; les lois que l'homme se donne pour enchaîner la nature étant dominées elles-mêmes par des lois supérieures auxquelles il faut qu'il se soumette, comme tous les autres animaux, comme tous les végétaux, comme tous les minéraux qui constituent notre planète. D'où viennent ces lois et qui les a écrites en caractères de feu dans la conscience humaine? Peu importe ! Elles existent, elles s'imposent et nous ne pouvons impunément les violer. Cela seul est clair; cela seul est réellement grand!

Que conclure de tout ce que nous venons de dire ; la misère, le néant des vanités humaines étant reconnus et constatés? L'homme naît, vit et meurt. Du passage de la vie à la mort, il n'y a qu'un temps fort court; mais ce temps existe, et il est d'autant plus appréciable pour nous que l'humanité durera autant que la terre et que nous nous perpétuons nous-mêmes dans les nôtres — ce qui donne une existence réelle à l'humanité et mérite l'attention de tous ses membres. Ce qui demeure moins qu'un atôme devant l'infini et l'éternité, devient un grand tout relatif devant l'humanité. Efforçons-nous donc de comprendre que nous n'existons pas pendant quelques instants pour être plus malheureux que le bœuf, qui vit en paix dans un gras pâturage, que le pachyderme de nos étables se roulant dans la fange, et travaillons tous au bonheur commun. Rien ne saurait mieux l'assurer que le refoulement des mauvaises passions, la paix de la conscience et du cœur, le mépris absolu des injures, d'où qu'elles viennent, le travail assidu et, par dessus tout, le dévouement à ses semblables, l'instruction sérieuse qui éclaire, guide, encourage, fortifie et féconde tous nos labeurs. L'instruction, la bonne et saine instruction, est la grande civilisatrice, la grande génératrice de tous les plaisirs humains. Les peuples comme celui d'Amérique, peuple neuf pourtant, qui la répandent à flots, voient leurs sacrifices produire des richesses au centuple. Imitons-les ; que rien ne coûte donc à la commune, au département et à l'Etat pour donner à l'homme et à la femme la puissance d'activité et d'intelligence que la nature leur a permis d'acquérir. Nous pouvons, dans cette voie, accomplir des merveilles relatives, ainsi que le prouve l'Exposition scolaire, vivante image d'un réel progrès. Ne négligeons rien pour accomplir d'autres merveilles. Arrangeons-nous de manière à récompenser, comme ils doivent l'être, les mérites divers des modestes et infatigables pionniers de l'enseignement, si nous voulons contenir l'émulation qui vient de naître et lui donner une nouvelle impulsion Sans cela l'Exposition ne serait qu'une vaine et stérile comédie. Et il eût mieux valu qu'elle n'eût pas lieu, si elle ne devait pas être renouvelée tous les cinq ans. Attendons tout, pour ce renouvellement nécessaire, indispensable, de la vigilance de l'administration et du dévouement des grands corps constitués, parce que là se trouvent le stimulant le plus rapide et le plus énergique moyen pour la diffusion du progrès. Si l'homme n'est pas, comme on a osé l'avancer, le généré affiné d'une guenon, il a au moins toutes les qualités imitatives du singe et une plus grande puissance d'assimilation. Pour lui, voir des améliorations dont il ignorait la possibilité et l'existence est son chemin de Damas, et l'intérêt de tous veut qu'il soit maintenu dans cette voie lumineuse par de nouvelles exhibitions supérieures à toutes les méthodes d'enseignement.

Du 15 octobre 1879.

A PROPOS DU DESSIN

L'exposition scolaire de Chaumont, toute locale et toute restreinte qu'elle est, n'en est pas moins remarquable à plusieurs points de vue : d'abord, elle existe, ce qui n'est pas un mince mérite, car, si vous la voyez contenue et renfermée dans une seule salle, personne ne peut se douter de la difficulté qu'il y a, en province et avec de bien faibles moyens, de réunir des éléments suffisants pour arriver à un résultat au moins satisfaisant.

Quand Paris s'en mêle et nous montre, réunies, les merveilles du monde entier, c'est en entassant millions sur millions alors même que chacun concourt à cette exhibition universelle des produits des arts et de l'industrie, dans un intérêt purement personnel et pour l'augmentation de sa propre fortune.

A Chaumont, l'exposition scolaire a un but bien modeste et bien désintéressé, mais aussi bien appréciable et bien méritoire : ce but, c'est tout simplement un plus grand développement de l'enseignement primaire dans ses différentes parties ; but saisissant puisqu'il intéresse tous les enfants et, par suite, l'avenir de toutes les familles du département.

Cette espèce de concours entre les instituteurs doit établir entre eux une concurrence morale, dont tout le monde profitera, par l'emploi de méthodes meilleures, et par la vue des résultats qu'elles ont produits.

Au point de vue véritable de l'exposition scolaire, il ne faut pas s'attendre à y trouver des chefs-d'œuvre, et, peut-être cependant, en y regardant bien, en découvrirait-on quelques-uns :

ce qu'on y rencontre, c'est le résultat, quelquefois médiocre, du zèle incontestable des instituteurs travaillant dans la sphère de leurs aptitudes; mais jaloux de faire mieux encore et d'étendre leurs connaissances au plus grand profit de leurs élèves.

D'autres vous ont peut-être déjà parlé de l'exposition scolaire de Chaumont et décrit quelques-uns de ses détails intéressants ; les uns remarquant des méthodes intelligentes ; les autres, ces travaux à l'aiguille comme n'en faisaient pas autrefois les fées ; ces collections de tous genres qui frappent les yeux de l'élève avant la démonstration même ; ces cartes géographiques imprimées ou manuscrites qui vous font faire, par eau et par terre, et sans quitter la salle d'école, le tour du monde en moins de quatre-vingts jours, ce que, jusqu'à présent, l'on avait considéré comme le comble de l'intelligence humaine et de l'application de tous les moyens de transport créés par l'industrie moderne.

Aujourd'hui, je vous parlerai un peu du dessin qui semble occuper à l'exposition scolaire une place importante ; mais j'en parlerai très peu et d'une manière générale et directe, afin de ne pas empiéter sur les attributions du jury spécial ; d'ailleurs, je pourrais n'être pas de son avis, et mon ami Hector Guiot ferait un beau tapage.

Il ne s'agit plus ici, bien entendu, de nez, d'yeux, d'oreilles, rubrique surannée à l'usage de ceux pour qui le dessin a toujours été, comme pour le renard, les raisins qu'il ne pouvait atteindre.

Non, bons bourgeois et sceptiques impuissants, nous sommes à une autre époque, où chacun trouve difficile de marquer honorablement sa place dans la vie et où il n'a pas trop pour cela de tous les moyens qui sont si largement mis à sa disposition par l'enseignement primaire surtout.

Il ne s'agit pas d'art non plus, car dans son acception propre, l'art est le luxe du dessin, et, avant le luxe, il faut tâcher d'avoir le nécessaire ; mais il s'agit raisonnablement de montrer les efforts des instituteurs, ambitieux de procurer à leurs élèves un élément de plus de succès dans la pratique de la vie, d'ajouter si vous voulez et selon l'expression vulgaire, une corde à leur arc.

Personne n'oserait, aujourd'hui, nier la part essentielle que le dessin a toujours eu dans l'application et la pratique des divers métiers qui, par leur ensemble, forment l'industrie ; car, riches épiciers et nobles banquiers, l'industrie n'est pas seulement commerciale, elle a son âme dans la fabrication, et la fabrication sort du métier.

L'ingénieur a conçu, l'ouvrier exécute et l'idée a pris forme. C'est le dessin qui a créé la machine qu'exploite à son avantage le commerçant.

En quittant cet ordre d'idées, que je trouve un peu prétentieux, on pourrait descendre à un niveau beaucoup plus modeste et considérer le dessin à un point de vue beaucoup plus simple ; mais la question n'en deviendrait que plus compliquée, car le dessin remplit le monde, puisque toute chose a une forme ; et il me semble beaucoup plus à propos de fermer mon encrier et de conclure ainsi :

Tout le monde doit travailler ; puisque tous les métiers exigent le dessin à divers degrés : il faut donc que tous sachent dessiner, comme chacun doit savoir lire, écrire et calculer.

Pour ce but si grand et si général, il n'y a qu'un moyen : l'enseignement primaire, et c'est pour cela que l'instituteur ne ménage ni sa peine ni son travail dans l'intérêt unique de vos enfants.

C'est pour cela qu'il vous montre à l'exposition scolaire de Chaumont ses essais et ses tentatives, heureux, j'en suis persuadé, de trouver au-dessus de lui des maîtres qui pourront le diriger et le guider dans la belle tâche qu'il s'est imposée.

Du 15 octobre 1879.

L'EXPOSITION SCOLAIRE

Les visiteurs continuent d'affluer, des divers points du département, dans les salles de la préfecture où se tient l'Exposition scolaire. Encore huit jours, c'est-à-dire jusqu'au 20 octobre, et cette intéressante exhibition, qui fait honneur aux maîtres et aux élèves des écoles de la Haute-Marne, aura pris fin... sauf à être renouvelée, plus brillamment encore, l'année prochaine.

Les divers jurys sont à l'œuvre pour la distribution des prix. Ceux-ci seront dignes des efforts et du mérite des exposants. Il y aura des médailles d'or, de vermeil, d'argent, puis d'autres récompenses, métalliques aussi, mais acceptées au comptoir du marchand ou à la caisse d'épargne. Aux souscriptions de la mairie de Chaumont (100 fr.) de celle de Wassy (50 fr.) et sans doute de Langres et de Saint-Dizier, s'ajouteront les dons des sénateurs, des députés, des chefs d'administration, des notabilités locales. Ce n'est pas ici, comme pour certaines opérations financières, le jeu que l'on encourage : c'est l'étude, c'est le travail.

Nous ne manquerons pas de publier la liste des lauréats de la plume et du crayon, sans oublier les *lauréates* de l'aiguille, du canevas et de la bobine.

LA HAUTE-MARNE.

Des 10 et 12 octobre 1879.

UNE HEURE A L'EXPOSITION SCOLAIRE.

J'aime notre Ecole normale de Chaumont, en quoi je suis parfaitement libre. Elle ne me connaît pas et je ne la connais pas. Mais un mien cousin y fut élevé; il en sortit honnête homme. Ce jour-là, pour la première fois de ma vie, je bénis même l'Université. Je crains de n'être point récidiviste. Je l'aime encore — non l'Université mais l'Ecole normale, — parce qu'elle fut remarquée à l'Exposition universelle de 1878. Là, j'ai vu ses travaux qui ont fait tressaillir mon âme champenoise. Chaumont et Auxerre reçurent les deux premières couronnes ; on me dit qu'Auxerre eut la palme même sur notre département. Je n'en veux rien croire, et pour cause. . . . .
. . . .

Un passant de l'Union — c'est ainsi qu'on signe dans cette feuille — se prend à noircir notre Ecole normale. Quel est ce *passant?* je l'ignore; il eût passé son chemin que la lune n'en eût pas eu moins de lumière. Les liseurs de l'*Union* eussent avalé quelques sottises de moins ; tout le monde y eût gagné. Ce *passant* nous donne toutefois des éléments suffisants pour qu'on puisse le suivre à la piste. Un jour, il se « heurta à quelque inepte caillou » après avoir passé le temps voulu à l'Ecole normale d'alors :

Que croyez-vous qu'il arriva ?
Qu'Aurèle en mourût ?

que le caillou fût brisé? non ; chose surprenante, le caillou fut plus dur que la tête du *passant !*

Depuis, il garde rancune au caillou et à l'Ecole normale. Il essaie de déchirer l'album couronné l'an dernier à Paris, à l'Exposition universelle. Il rit des *règlements*, des devoirs des élèves-maîtres, annotés à l'encre rouge, et surtout de l'argument de prescription (1). Tout cela m'avait paru fort beau à Paris, mais peut-être que mon orgueil champenois m'avait trompé, peut-être que mes impressions avaient été trop vives, — car à Paris on voit les choses d'un autre œil qu'en province, — peut-être que le *passant* avait enlevé, depuis, leur justesse à ces règlements, leur charme à ces pages merveilleuses qu'admirait toute la France.

Je voulus les revoir, me promettant de jeter en même temps un coup d'œil sur notre Exposition scolaire.

Les règlements n'avaient point changé. Malgré les aboiements du *XIXᵉ Siècle* et du *passant*, aucune déchirure. Cette espèce de gens jappe, mais ne mord pas. Ne lui en sachons point gré, ce n'est pas sa faute. Je relus la première page. Le matin, l'un des élèves fait la prière *sans livre*, puis une lecture de piété afin de s'inspirer tout d'abord de bonnes pensées. La jeunesse en a besoin. La direction me semble toute paternelle. Travail, obéissance, amour du devoir, tout cela respire dans cette page, qui est, à coup sûr, la plus belle du livre. Un article m'a particulièrement ému. On presse les jeunes gens « *d'ouvrir largement leur cœur* » à leurs maîtres en qui ils trouveront des amis.

---

(1) *Nota.* — Dans une composition en instruction religieuse, qui eût l'honneur de l'Exposition, les élèves avaient à prouver une des vérités de la foi par l'argument de prescription.

Le *passant* rit de cela. Plaignons ce *passant*. Mais apprenons-lui qu'on peut prouver une vérité religieuse ou autre, avec l'argument de prescription ; c'est, je crois, une œuvre de miséricorde que d'instruire les ignorants :

Je possède un champ de temps immémorial. Un jour, un *passant* m'en conteste la propriété ; je lui réponds : Je *possède*, possession vaut titre ; à moins que vous n'apportiez des titres clairement authentiques, je garde mon champ. J'ai la prescription pour moi. D'ailleurs, si vos raisons étaient valables, on les aurait invoquées avant vous. On ne laisse guère dormir ses droits. C'est ainsi que les jurisconsultes entendent l'argument de prescription.

Nous vivons sous le régime du code Napoléon, ainsi appelé parce qu'il fut composé sous les auspices et sous la direction de Napoléon Ier. Un fou, qui *passe*, me dit : Ce code que vous étudiez, n'a pas été composé sous le règne de Napoléon Ier. L'empereur n'en a jamais eu connaissance. — Je réponds : Vous vous trompez ; nous *possédons* ce code comme l'œuvre authentique de son règne ; à vous de prouver que nous sommes dans le faux. Si vous aviez des raisons, on les aurait connues dès l'origine. L'empereur eût protesté contre une œuvre apocryphe, si elle eût été faite de son vivant ; si, après sa mort, la France tout entière se fût levée pour la rejeter et la déclarer fausse. On ne trompe pas tout un peuple ; et si on voulait l'abuser, vous croyez qu'il resterait muet, qu'il ne se trouverait personne pour crier à l'imposture ni le jour, ni le lendemain, que les caractères d'imprimerie ne bondiraient pas dans leurs casiers ? — Voilà comment tout le monde entend l'argument de prescription. On peut l'appliquer de même à tout fait historique.

Or, le *passant* l'a compris autrement. « On a, *par exemple*, énoncé une bourde, il y a une trentaine d'années, *à savoir que* l'incrédulité aux paroles de N.-D. de la Salette, avait occasionné la maladie des pommes de terre. Il ne s'est trouvé *personne*, pendant trente ans, pour argumenter sur cette thèse (*c'est toujours une supposition que je fais*), et les trente ans écoulés, *personne* n'ayant demandé la parole, le débat est clos et nous sommes gratifiés d'une nouvelle vérité révélée. » (!!!)

Les « élèves-maîtres » qui possèdent un fonds assez riche de lettres et de bon sens, ne l'ont pas entendu ainsi. Si le *passant* se fût donné la peine de lire leur rédaction, il eût pu en faire son profit. Mais on est fondé à désespérer qu'il sache jamais lire ni écrire ; laissons-le passer tout glorieux de son ignorance, en attendant que son ineptie aille se briser à nouveau contre quelque « autre caillou » moins inepte qu'elle, c'est-à-dire contre le premier caillou venu.

Ce n'est pas que j'admire tout dans le magnifique album de l'Ecole normale. Si les dessins qui représentent l'établissement et ses alentours me charment, si les programmes sont vastes et bien exposés, la narration est un peu lourde et la bibliothèque trop sommaire. Je cherche en vain dans le catalogue la géométrie de Legendre corrigée par Blanchet, les ouvrages de Regnault, le dictionnaire de Würtz, qui opère une révolution dans la chimie, et cent autres. En dix ans, une bibliothèque scientifique surtout a vieilli. Sans doute, les études de Würtz sont extrêmement élevées, mais plus d'un de ces jeunes gens intelligents en lirait avec fruit au moins quelques articles. Ce qui épouvante, c'est que si les sciences marchent, les manuels restent les mêmes. En France, une découverte met vingt ans, non seulement à se populariser, mais à entrer dans le programme universitaire. Il faut, pour être admis dans cette baraque, hommes ou idées, passer par la filière et faire un stage indéfini : Voilà les avantages du monopole.

La Révolution a établi la concurrence ; elle s'en glorifie tous les jours. La concurrence est cause du progrès, du bien-être et des chaussures de carton. Tel est le thème général. On y ajoute quelques variantes qui rendent la chose moins intelligible. Les économistes sont partagés sur cette question précisément à cause des chaussures de carton. Tout le monde en effet convient que c'est un progrès dont il est décent de ne point se vanter. Toutefois nous sommes tous d'accord sur un point, c'est sur les avantages de la concurrence intellectuelle. Là, on ne peut guère frauder la marchandise, tout au plus si la reliure essaiera de dissimuler les imperfections de la première page. L'or ou le maroquin n'effaceront pas les fautes d'orthographe. Des hommes sensés diraient : Faisons produire tous les résultats possibles aux intelligences, cultivons-les, cherchons des méthodes. On n'impose pas à tous les terrains la même charrue. Qu'importent les maîtres, pourvu qu'ils soient bons, moraux et qu'ils instruisent bien. Les meilleures méthodes sont celles qui donnent les meilleurs résultats ; les meilleurs maîtres, ceux qui les obtiennent. Que l'Etat se réserve la surveillance, soit ! mais qu'il accorde la liberté.

La République aimable de J. Ferry n'est point douée de ce sens-là : Oui, dit-elle, vive la concurrence, vive le libre échange, dût la France en périr ! Mais en fait d'instruction, notre principe c'est notre *bon plaisir* tout comme Louis XIV. L'enseignement laïque seul, le monopole absolu, dût la France crever d'ignorance et croupir jusqu'à la fin des siècles dans les mêmes manuels, comme elle a désappris sa langue, pendant 40 ans, dans la même inintelligible grammaire de Noël et Chapsal !

La France sera morte, mais l'Université vivra. Et si, comme à Médée, on demande au grand maître d'alors ce qui lui reste, il répondra tout satisfait : Moi ! Moi, dis-je, et c'est assez.

Ce sera un mot sublime de plus ; le sublime de l'abrutissement. Nos *passants* aux ministères le préparent. Que leur importe la science ? Ce sont des ignorants. On ferait un volume de leurs ignorances, depuis la défaite de Bouvines de M. Gambetta jusqu'à la fameuse ville de Regensburg (Ratisbonne) de M. Paul Bert. Eux aussi ont rencontré leur « inepte caillou » et ils se sont arrêtés là.

Sauf les bibliothèques et l'écriture *Flament*, nous trouvons des choses admirables dans notre album, de beaux travaux comme géométrie et levé des plans, même une sérieuse analyse grammaticale, ce qui n'est point à dédaigner. Le plan d'instruction religieuse est magnifique. La religion perfectionne la nature humaine régénérée par le Christ ; elle apprend à l'homme ce qu'il est et ce qu'il vaut ; elle élève sa raison faible et portée au doute, fortifie son cœur plein de défaillance, règle ses sens que soulèvent les passions. Ces idées sont ravissantes dans leur simplicité. C'est ainsi qu'on enseigne la morale, ô libres-penseurs prôneurs de morale : par le catéchisme. C'est dans ce petit livre qu'on apprend la science de la conduite et même l'argument de prescription.

Dans l'exposition scolaire de Chaumont, on remarque tout de suite deux choses bien distinctes : Les travaux des maîtres et les travaux des élèves. Elle prouve surtout en faveur des premiers. Du reste ce n'est pas une exposition *universelle*, puisque 110 écoles seulement y sont représentées et qu'un très-petit nombre d'élèves de ces écoles ont envoyé leurs cahiers.

Plusieurs enfants de treize à quinze ans ont produit de vrais chefs-d'œuvre. C'est une carte du département faite par un élève de Voisey, des oiseaux et des insectes dessinés par des élèves de Perrogney, de Rolampont, de Châteauvillain. Mais rien n'approche du tableau des oiseaux sauvages de la vallée de la Marne dressé par notre éminent ornithologiste F. Lescuyer, et illustré par un frère des écoles chrétiennes de Saint-Dizier. C'est savant, complet, pratique et d'une exécution hors ligne.

L'album de Châteauvillain a pour nous un attrait spécial. Voici le plan de la ville, du territoire, des parcs. Vous croyez que c'est tout ? M. Vougny veut apprendre à ses enfants non-seulement la topographie de leur pays, mais encore la connaissance des oiseaux utiles et des oiseaux nuisibles ; vous reconnaissez l'allouette, le pinson, le héron qui, sur ses longs pieds, va toujours je ne sais où. Tournez la page : ce sont les plantes usuelles. La légende qui les accompagne n'est pas toujours complète ; aussi j'en veux à M. Vougny d'avoir classé l'ortie parmi les plantes nuisibles ; le suc de ses feuilles est un de nos meilleurs astringents. Du reste c'est absolument sans malice ni allusion que je prends la défense de l'Urtica Pilulifera, et uniquement par respect pour sa réputation. Passons aux insectes. Voici la *courtilière* ou taupe-grillon qui creuse des tranchées, coupant avec ses robustes mâchoires les racines qui s'opposent à son passage ; la *jardinière*, ou carabe doré, agile, vorace, hardie ; le *lucane cerf-volant* avec ses grandes pinces peu rassurantes pour le monde des coléoptères ; cent autres reconnaissables, parfois saisissants de réalité, plusieurs dessinés par des mains d'enfants. Les études entomologiques ont séduit plusieurs instituteurs ; mais, pour les insectes comme pour les plantes, on ne peut leur recommander trop d'exactitude dans les noms et dans les explications qui devraient toujours accompagner chaque dessin.

Je passe assez froid à côté des fossiles. Il y a des choses beaucoup plus importantes à enseigner en classe. Les coléoptères eux-mêmes ne sont qu'un joli accessoire. Dirai-je qu'il serait bon, en fait d'histoire naturelle, d'apprendre déjà aux élèves à distinguer leur poitrine de leur estomac et un nerf d'un muscle ? Ce serait vulgaire peut-être, mais vrai. La part de l'éloge faite, il faut bien constater qu'on n'a exposé que trop de brillantes inutilités. La faute en est peut-être au public. On l'a habitué aux tours de force et il en redemande, on lui en donne. Nos enfants, après avoir reçu cette instruction, tendent à devenir de petits saltimbanques au point de vue intellectuel. Ils auront amassé quelques chétives futilités qu'ils laisseront bien vite dans un coin oublié de leur mémoire ; quant aux connaissances pratiques, elles seront absentes. Voyez plutôt leurs vrais cahiers. Je ne parle pas de ces cahiers pompeux, richement reliés, envoyés à l'exposition universelle et revenus avec une grande lettre de félicitation. C'est prétentieux et nul. De quoi, grand Dieu ! pourrait-on bien les féliciter ? De renfermer des devoirs péniblement copiés, avec une maigre écriture, par un élève qui a perdu toute son année à ce travail stérile ? Tranchons le mot, c'est du charlatanisme niais.

Voyons le vrai cahier-journal, quand il existe, le confident du travail et de la paresse, de l'ardeur et du découragement. C'est l'œuvre des meilleurs élèves, pourtant c'est pauvre. En général, l'écriture est fort défectueuse et ne promet pas une main ferme, les calculs sont passables, l'orthographe laisse vivement à désirer. Je ne parle pas des essais littéraires. Les *je suis été* émaillent ces lignes, et on voit l'enfant qui bâille en écrivant. Corrections incomplètes, peu de notes justes et touchant au défaut de la cuirasse. Plusieurs instituteurs ont jugé à propos d'initier le public à leurs travaux, à leurs efforts, à leurs espérances. Certains petits prologues témoignent d'une entière bonne volonté et pétillent d'intentions généreuses. Ce qu'on lit tout d'abord dans un livre, c'est la préface. Nous entrons en connaissance avec l'auteur ; on se demande s'il a bon caractère et quelque envergure d'esprit. C'est pourquoi le public s'est plu à lire les avant-propos des cahiers. Ils ne satisfont pas ; cela manque de langue et de méthode, souvent la grammaire est offensée, le style lourd et enchevêtré. On saute à pieds joints deux subordonnées, on retombe dans un dédale d'incidentes. L'un nous met la morale dans les matières facultatives, ou la vie de Mahomet dans l'histoire sainte ; un autre nous confie que la division de ses cours lui permettra de donner désormais aux matières enseignées la « diffusion nécessaire. » En effet, c'est *diffus*.

J'espère qu'on ne verra dans ces remarques aucune intention de critique austère. Serviteur du public à mes heures, je sais que les pronoms relatifs et les conjonctions sont les ennemis mortels de l'écrivain. Mais il a un ennemi plus redoutable encore, un ennemi de la clarté et de la simplicité, du beau et du vrai. Cet ennemi, Proudhon le rendait responsable de l'irrémédiable décadence de notre littérature. Nous l'avons subi ; il pèse sur nos idées et sur nos expressions, il nous tient en lisière, il étouffe toute liberté, sauf celle de penser et de parler comme lui. Je ne m'en suis que trop aperçu dans cet avant-propos. Ai-je besoin de dire que cet ennemi c'est la routine universitaire? On vous prend un jeune homme ardent et plein d'avenir, doué d'inspiration et se réfugiant volontiers dans les libres sphères de l'idéal. Il parle et écrit comme il pense, c'est-à-dire bien. Parfois il a des saillies trop primesautières, il abonde en détails, cela passera avec la première verve. Au lieu de le pousser dans la voie toute tracée où son génie original prendra de lui-même son essor, on l'arrête, on le jette dans le moule commun ; on lui apprend une langue de convention qui rappelle celle des *Précieuses* et, quand il est parvenu à trouver des beautés dans la *Revue des Deux-Mondes*, à écrire un article compassé, pédant, dans les *Débats*, on le déclare maître. Vous pensez et vous écrivez comme tout le monde, c'est bien. Le niveau égalitaire sur le style ! Ils sont quarante qui écrivent comme cela. Je me trompe, ils n'écrivent même plus ; ils laissent ce soin aux valets de l'Université.

Ah ! si Molière apparaissait dans nos affaires universitaires avec son sourire moqueur, son goût sûr, sa franche parole, il y entrerait un fouet à la main et il dirait à nos pédants ciseleurs de style :

> Ce n'est que jeu de mots, qu'affectation pure,
> Et ce n'est point ainsi que parle la nature.
> Le méchant goût du siècle en cela me fait peur.

« Ce méchant goût, » nous l'avons rencontré dans toute sa splendeur à l'Exposition scolaire. Nous en rendons responsable qui de droit et nous adjurons ceux qui ont quelque souci de la littérature, de protester comme nous contre l'étouffoir universitaire où se meurent les idées, les mœurs et notre belle langue française, la langue de Corneille devenue la langue de Buloz !

Nous n'avons encore rien dit de la géographie. Elle paraît généralement bien enseignée. Beaucoup de cartes sur le cahier des enfants ; excellente méthode. Mais rien ne vaut les cartes en relief ; l'élève suit les arêtes des montagnes, il descend dans les vallées et, s'embarquant sur un fleuve, vogue sans fatigue jusqu'à l'embouchure. Un magnifique relief idéal nous apprend à lire dans ces sortes de cartes de l'avenir. Voici les lacs bleus, les montagnes noires, les polders jaune rayé, l'océan azuré. Ce relief parfaitement réussi, soit comme moulage, soit comme coloris, est l'œuvre d'un frère des écoles chrétiennes de Langres. L'*Union* avait oublié de le dire. Le même frère a fait un autre relief représentant Langres et ses environs. J'ai pu, grâce à ce beau travail, faire en deux minutes une ravissante excursion de la Pointe au Diamant au tunnel de Chalindrey. J'ai même poussé jusqu'à la grotte de Sabinus. Un visiteur me demandait si chaque canton ne pourrait pas avoir ainsi sa carte en relief. Oui, répondis-je, si, dans chaque canton, il y avait un frère Alrich-Julien.

Le même visiteur me conduisit auprès d'un ingénieux appareil cosmographique représentant le mouvement de la terre autour du soleil, et de la lune autour de la terre. — C'est également l'œuvre d'un frère, me dit-il. L'*Union* a encore oublié de le dire ; aussi bien, pourquoi se faire renseigner par des *passants* ?

Une boîte sert de base à l'appareil et renferme un mouvement d'horlogerie. Un réflecteur représente le soleil et projette ses rayons sur la terre, qui est fixée à l'extrémité d'une tige de métal munie d'un bras portant la lune.

Au foyer du réflecteur se trouve une bougie. Mon ami et moi, nous cherchâmes en vain l'éteignoir. Mais ne devrait-on pas de temps en temps faire fonctionner devant le public cet appareil cosmographique intéressant? Chacun y viendrait et se ferait des idées exactes touchant le volume et la distance de masses qui font partie de notre système solaire, l'inégalité des saisons, la cause des éclipses. Vulgarisons la science, quand même elle nous viendrait des Frères. Ces chers ignorantins occupent vraiment la place d'honneur à Chaumont, dans l'armée qui marche contre l'ignorance. Que dire de leur enseignement de la comptabilité ? Le magasin lui-même est là ; ses marchandises, ses balles de café, ses pains de sucre, même ses boîtes à sardines. Le tout joliment ficelé, préparé et ordonné, avec le prix des objets, la caisse, voir même les billets de banque. Voici le brouillard, le journal, le grand livre. Je me figure un petit comptable de douze ans tenant ses écritures : Mon enfant, attendez-vous bientôt une traite ? — Il prend son carnet d'échéance et répond gravement : Oui, Monsieur, au 15 octobre prochain, je recevrai de Bordeaux une traite de 2,500 francs. — Puis, consultant son livre de caisse, il ajoute : Mais j'ai pour la payer et il me restera encore 5,300 francs.

Voilà le vrai enseignement pratique, l'enseignement professionnel. Je n'en connais pas d'autre qui soit efficace. Avouons sans détour qu'il n'est point donné. Que le maître fasse souvent des excursions à la campagne, le jeudi par exemple avec ses élèves. On cube un mètre de pierre sur la route, on solive un arbre, on cueille une plante qu'au retour on mettra dans l'herbier : Mes enfants, voici la petite centaurée ; c'est la plus jolie de toutes les fleurs de nos bois, avec la corolle rose qui se fermera bientôt dans vos mains ; c'est aussi l'une des plus utiles. Prenez-en les sommités, en infusion, huit grammes pour un litre d'eau bouillante, et vous n'aurez jamais les fièvres intermittentes. On explique ce qu'on entend par infusion, décoction, macération. On passe à la reine des prés, à la valériane, à la tormentille ; on indique leurs propriétés, la manière de les employer. N'oubliez pas de les faire aimer ces douces plantes de nos champs ; après leur utilité, dites la poésie des fleurs ; n'est-ce pas qu'un tel enseignement professionnel instruit et élève l'âme !

Une étude absolument négligée est celle de la mécanique. L'homme des champs doit nécessairement aujourd'hui demander aux machines un utile secours. Il le fait. Les moissonneuses, les faucheuses nous ont beaucoup aidés cette année. J'ai vu souvent nos jeunes gens bien embarrassés pour les conduire, parce qu'ils n'avaient aucune idée de leur instrument. Jamais on ne leur avait appris à l'école le jeu de l'excentrique, ni la manière dont les engrenages se commandent l'un l'autre pour la transmission du mouvement. Il faut qu'on donne désormais aux enfants des notions sérieuses de mécanique qu'on pourra compléter aux cours d'adultes. La machine comprise, l'expérience vient vite. Mais sur ces écoles, que de choses à dire !

On s'applaudit beaucoup des progrès de l'instruction ; je crains qu'on ne s'aveugle volontairement. Le progrès est moins grand qu'on ne le dit. Nous avons quelques lauréats brillants, de petits prodiges qui, dans cinq ans, seront réduits à la taille commune, parce qu'ils s'étioleront. La surface seule est brillante. Encore ces brillants ne sont-ils que des perles fausses. C'est la force moyenne des classes qu'il serait intéressant de connaître. Les maîtres sont dévoués, je le veux ; mais les voit-on souvent accompagner leurs élèves dans les excursions dont je parlais plus haut ? Ils ont dans leur mobilier scolaire différentes essences de bois ; un œil exercé distingue dans ces écorces déjà sèches, le cerisier du hêtre. Rien de mieux. Mais que ne vont-ils les reconnaître sur place à la forêt voisine ?

Il y a vingt ans, nous ne savions rien. L'*Union* le dit. Elle était jeune aussi, en ce temps-là. Il y avait alors dans le coin d'un canton parfaitement blanc aujourd'hui, un jeune instituteur plein de sève et passionné pour sa classe. Il donnait l'enseignement professionnel autant qu'il le pouvait, et je me souviens que ses collègues en faisaient autant. Cet homme, en dix-huit mois, défricha nos jeunes intelligences. Un jour, il nous conduisit au pied d'un coteau ; c'était un jeudi de mai, « tout ensoleillé » comme il y en avait alors. Nous levâmes le plan d'un champ tortueux, borné d'un côté par une carrière, de l'autre par une haie. L'opération ne m'intéressait qu'à demi. Pour stimuler mon attention, il m'infligea un énergique coup de baguette où il fallait. En ce temps-là, on ne fermait pas une école pour trois cheveux arrachés. Souvent je retourne à cet endroit, la vieille souche du saule qui avait produit la houssine y est encore ; souvent depuis

> O doux Chanonat ! sur ton charmant rivage,
> J'ai vu, j'ai reconnu, j'ai touché de mes mains
> Ce saule, mon effroi, mon bienfaiteur peut-être !

je n'en suivis que plus attentivement la leçon, sans même méditer en moi-même de me plaindre à mon père, qui eût doublé la correction. Je tenais plutôt à faire oublier mes torts. On fit un levé de plan par triangulation ; je compris. Puis nous nous assîmes en cercle et le maître prit la parole ; il nous raconta le désastre de Leipzig, causé par la trahison des Saxons. Mes enfants ajouta-t-il, vous allez vous partager en deux camps, les Saxons et les Français, puis nous jouerons *aux barres*. Nous ignorions ce jeu-là, mais nous l'eûmes vite appris ; c'était moins difficile que l'arpentage.

Dans cette matinée, j'avais appris trois choses que je n'oublierai jamais : le jeu de barres, la bataille de Leipzig et le levé des plans par triangulation.

Aujourd'hui, ce modeste village a subi comme les autres les conséquences révolutionnaires de la dépopulation. Tel arbre, tels fruits. Bien que la nuance soit rouge, on y reste teinté de blanc. Mais je puis assurer que les trois choses que j'appris dans une seule matinée y sont totalement ignorées des enfants. Peut-être y a-t-on néanmoins reçu comme ailleurs la *Grande lettre de félicitation*. Mais on y a déserté aussi comme ailleurs l'enseignement professionnel, parce qu'il demande plus que l'autre, du dévouement, de la vocation et de profondes connaissances.

Les chauvins de l'*Union* continueront de parler de je ne sais quel progrès imaginaire. Ils perdent leur temps et doivent bien quelque peu s'ennuyer de redire les mêmes choses. On sent qu'ils ne sont pas convaincus et qu'ils font marcher leur plume comme le chien du cloutier sa meule, par habitude.

Du 19 octobre 1879.

L'ORNITHOLOGIE.

Si l'ornithologie est une fée, c'est la plus gracieuse des fées. Cette fée n'a pas, comme la reine Mab, visité le *passant de l'Union*. Aussi la raille-t-il de son mieux, je crois, suivant la mesure de son esprit ; la mesure reste étroite. Nous sommes à peu près assuré qu'il doit connaître environ deux espèces d'oiseaux : le phénix et le canari.

Le phénix, oiseau fabuleux est enfin retrouvé. Qui pourrait s'y méprendre, en lisant ces articles *importants*?

Le canari? Eh bien ! voici son emploi : « Mères de famille, si votre enfant est rebelle, faites de l'ornithologie ; dites-lui : Mon canari ! » (*Union* du 11 octobre.)

Ah ! qu'en termes galants ces choses-là sont mises !

Je crains pourtant que ni la littérature ni le bon sens n'y trouvent leur compte. J'ai encore une autre crainte. Le *passant* ne nous a-t-il point dit que la fée est armée d'une baguette? Mais elle est bonne enfant, à une autre fois la volée de bois vert. Elle estime qu'aujourd'hui c'est un châtiment suffisant d'avoir cité cette jolie phrase. Mais, en réalité, pourquoi tant de fiel à propos d'une *note gaie?*

Parlons des oiseaux, non pour prendre leur défense, — ils ne sont point attaqués, au moins on ne les juge pas

Mortellement atteints d'une flèche empennée ;

il n'y a ni attaques ni flèches, seulement une velléité de poison, — mais pour constater que nos instituteurs, à Roches-sur-Marne et ailleurs, ont depuis plusieurs années fait épargner des milliers de ces aimables familles qui nous réjouissent de leur présence et de leurs chants. Au point de vue scientifique, rien n'est intéressant comme l'étude de l'oiseau. L'œil est protégé par la membrane *clignotante* qui se tire comme un rideau, la voix reçoit dans un double larynx ces modulations variées qui vous font l'effet d'une pluie de perles, le système de locomotion repose sur cette *fourchette* ingénieuse, à la fois puissante et mobile qui se tend comme un ressort et dirige la marche. Les *remiges* des ailes, le triple estomac, foyer actif qui entretient le sang à une haute température, le chant, les mœurs, les nids des oiseaux surtout ont excité l'admiration des savants. La sympathie des honnêtes gens n'a jamais manqué à ces charmants petits êtres que Michelet appelait les fils de l'air et de la lumière.

Pourtant les oiseaux ont un ennemi impitoyable, qui les poursuit, les pourchasse, sonde les buissons, vide les nids, fait gémir les mères. Virgile nous a raconté la tristesse du nid sans oiseaux.

Cet ennemi, nous l'avons tous connu, c'est l'enfant à cet âge sans pitié où la raison n'est point venue encore. Cet enfant — ce bandit — part dans la forêt, monte sur les arbres, enlève les œufs des nids, tue les petits pinsons. Puis, la conscience chargée de crimes, il s'assied tranquillement sur la lisière du bois et compte ses victimes.

Cet enfant, ce seraient tous nos enfants, si nous ne les en empêchions. Ils contracteraient ainsi des habitudes de férocité qui feraient d'eux plus tard des hommes sans entrailles et peu généreux même pour leurs semblables. Le respect des oiseaux est un signe de civilisation. Nos grandes villes ont de grands vices, mais plusieurs qualités touchantes. Ce qui me frappe le plus dans les promenades du Luxembourg, ce ne sont ni les splendides parterres, ni les statues des reines de France, ni la belle fontaine d'architecture dorique; ce sont les oiseaux. Ils viennent régulièrement le soir, par bandes, par troupe, par armée, comme les habitués d'un cercle, prendre leurs ébats au milieu des promeneurs. Ils sont chez eux, ils babillent comme des ministres en tournée, ils se posent sur votre épaule et becquètent dans votre main les friandises que vous ne manquez pas de leur apporter : Fleurs, massifs, oiseaux, statues vous rappellent le Paradis terrestre. Mais l'innocence reste absente dans les statues surtout ; c'est pourquoi les oiseaux vous paraissent si charmants.

Respectons les oiseaux. Sans eux, comme la nature serait triste ! Elle serait comme enveloppée d'un crêpe, voilée, attristée, qui nous empêcherait de voir Dieu. Instituteurs, continuez de faire aimer les oiseaux. De sottes plaisanteries n'entravent rien. Si, comme je l'espère, vous continuez, malgré les lois maçonniques à venir, de parler de Dieu aux enfants, dites-leur combien il s'intéresse aux petits oiseaux, — *aux petits des oiseaux, Dieu donne la pâture,* — et de quel grand prix ils sont, puisque J.-C. fut racheté au prix de deux colombes.

Et dans leurs mœurs que d'enseignements pour notre temps égoïste! Un jour, une hirondelle s'était prise la patte dans le nœud coulant d'une ficelle fixée à une gouttière de l'institut de France.

La pauvrette se débattait, poussait des cris, et chaque effort causait une meurtrissure. Ses sœurs voisines l'entourèrent, elles vinrent et en appelèrent d'autres. Bientôt elles furent plusieurs milliers. On tint conseil et le silence se fit dans l'air. Tout-à-coup l'une d'elles, — la présidente sans doute, — se précipite sur la fatale ficelle et la frappe d'un coup de bec, une autre en fit autant, puis toutes. En une demi-heure, la ficelle était coupée et la captive se retrouvant libre chantait sa délivrance.

Les *passants* libéraux qui dirigent la France l'ont trouvée enchaînée, les âmes n'y respirent plus, il leur manque l'atmosphère de la religion et de la liberté. Peut-être vont-ils nous délivrer, au moins desserrer nos liens ? Non, ils méditent de nous garotter si étroitement que les âmes catholiques meurent asphyxiées comme le moineau qui subit l'épreuve de la machine pneumatique.

On comprend qu'ils n'aillent pas à l'école des oiseaux.

LA GAZETTE DES TRAVAILLEURS.

Du 21 septembre 1879.

VISITE

Nous avons fait une courte visite à l'exposition scolaire, et nous en sommes revenus satisfaits. Il y a là des choses fort intéressantes à voir. Quoi de plus attrayant, du reste, que ce qui se rapporte à l'enseignement de la jeunesse !

Nos compliments aux organisateurs de cette exposition.

Beaux dessins linéaires, estompes magnifiques, hachures parfaites. On dirait des gravures fines. Les instituteurs de la Haute-Marne cultivent chez leurs élèves le goût du beau et l'idée de la forme géométrique régulière. Ils font bien. Qu'ils soient félicités.

En jetant les yeux sur les cahiers de devoirs, on est frappé de ce fait : ils sont rédigés sur un plan uniforme. C'est la preuve que ce plan a été indiqué par les chefs. Mauvaise chose. Il eût mieux valu laisser aux maîtres de nos élèves toute leur initiative. Pourquoi les considérer comme des ilotes ? Est-ce que cette exposition elle-même ne prouve pas que ce sont des hommes intelligents ?

Du 20 octobre 1879.

LA STATISTIQUE ET LES CARTES GÉOGRAPHIQUES

A propos de l'Exposition scolaire qui a lieu en ce moment à Chaumont, je voulais vous parler de la géographie, qui m'intéresse tout spécialement, et j'avais l'intention de signaler les travaux qui m'avaient le plus frappé. Mais votre confrère l'*Union de la Haute-Marne* m'a volé mon idée (c'était son droit), et il a pris et montré, en fait de travaux géographiques, le dessus du panier.

Il ne me reste donc plus qu'à glaner ; mais en cherchant bien, on peut faire encore une assez jolie gerbe ; car elles sont nombreuses, les cartes, surtout celles qui ont pour objet la Haute-Marne. Notre département a les honneurs de l'Exposition. On trouve son *portrait* partout, et ce n'est pas nous qui nous en plaindrons.

Le voici, par exemple, suspendu à un pilier, sous la forme d'une statistique. C'est la carte de l'*instruction primaire*. Elle présente un intérêt particulier. Les teintes noires sont les régions de l'ignorance, le pays des ténèbres. J'ai regret de le dire, la teinte la plus foncée règne sur la pointe du nord, du côté de Wassy. On ne peut donc plus dire que : *C'est du nord aujourd'hui que nous vient la lumière*. Mais il serait injuste de constater le fait brutal, sans en chercher la cause et l'explication. Cette explication est toute à l'honneur de notre population indigène. L'arrondissement de Wassy forme la région industrielle du département : il est le centre de la métallurgie. Les nombreuses usines situées dans cette région attirent autour d'elles des ouvriers venus un peu de partout ; nous ne pouvons accepter la responsabilité d'ignorance que leur nombre ferait peser sur nous. Ce sont, en général, des forgerons ; comment s'étonner qu'ils soient teintés en noir ?

Malgré cet élément étranger, la Haute-Marne ne compte que 439 conscrits illettrés sur 19,717, soit une proportion de 2,16 p. 0/0. Encore convient-il de retrancher de ces 439 illettrés les idiots, aliénés, sourds-muets, qui sont au nombre de 182.

Et notez que, dans 339 communes sur 559, on ne trouve aucun illettré. Combien de départements en pourraient montrer autant? Je crois pouvoir assurer qu'il n'en est pas un en France.

Il n'est pas inutile de faire remarquer le progrès accompli. Nous venons de voir qu'en 1878 la proportion des conscrits illettrés était de 2, 16 p. 0/0 ; en 1867, elle était de 3, 94.

J'assistais, par hasard, il y a une dizaine d'années, à une vente d'immeubles, dans une petite ville du centre de la France. Lorsque vint pour les acheteurs le moment de signer les actes de vente ; sur 15 qu'ils étaient, il s'en est trouvé de capables d'écrire leur nom...... devinez combien? Deux! oui, deux sur quinze. Ainsi donc, dans ce département, pour trouver un illettré, on n'avait qu'à prendre au hasard, *dans le tas ;* en suivant le même procédé chez nous, on serait à peu près sûr de mettre la main sur un homme sachant lire, écrire et compter.

Décidément les Champenois ne sont pas si *bêtes* que le prétend le dicton inventé par un baron avare.

Passons à d'autres *portraits*. Voici quatre *photographies* de notre département : carte physique, carte géologique, carte historique, administrative, etc.

L'aspect physique d'un pays constitue son premier élément géographique, et le plus essentiel. La géographie est, en effet, la *description de la terre*. Il est important que les enfants embrassent tout d'abord, d'un coup d'œil, l'ensemble du terrain, avec ses accidents, reliefs, vallées, cours d'eau, etc. A notre avis, c'est le début de cette étude ; je préfère cette méthode à celle de M. Levasseur, qui commence par la maison d'école, le village, et continue par le canton, l'arrondissement, etc. La carte que j'ai sous les yeux paraît assez exacte ; peut-être les reliefs devraient-ils être plus accusés : un peu d'exagération ne m'offenserait pas ; il faut frapper les yeux des enfants et parler à leur imagination:

La carte physique du département doit être une image gravée dans leur esprit en traits saillants et caractéristiques. Les hachures, qui sont ici importantes, m'ont paru tracées un peu au hasard dans cette carte ; mais on ne peut exiger, pour des travaux de ce genre, la précision de la carte de l'Etat-major. Les courbes de niveau, les équidistances, sont des éléments géographiques réservés pour une étude ultérieure.

La carte historique se compose de quatre cartes spéciales anciennes provinces dont le département est formé ; voies romaines ; divisions administratives avant 1789 ; divisions diocésaines. Il est curieux de constater combien notre département, qui passe pour champenois — et qui n'en rougit point — est fait de pièces et de morceaux. La Bourgogne s'y insinue assez largement par les cantons d'Arc et de Châteauvillain ; elle pousse une légère pointe vers le sud, et enfin on en voit un tout petit coin enclavé du côté de Bourbonne. Hélas ! c'est de ce côté aussi qu'on aperçoit un lambeau de la Lorraine ; ce lambeau du moins est resté français. Ce qui est le plus curieux, c'est la façon dont les diocèses morcelaient ce sol. Outre celui de Langres, notre département contenait des parties de ceux de Besançon, de Toul, de Châlons et de Troyes. Aujourd'hui nous n'avons affaire qu'à un évêque. Faut-il s'en plaindre ?

Je ne parle pas des voies romaines ; c'est la moins bonne de ces cartes ; et puis l'auteur est-il bien sûr de ses indications ?

Du 12 octobre 1879.

LES DESSINS.

Je l'ai déjà dit, ce qui frappe, dans cette exposition, ce sont les dessins de toutes sortes. On dirait que ces dessins ont été faits par des ingénieurs émérites, tant les lignes sont pures, tant les lavis sont nets. Et ce sont de simples instituteurs, qui presque sans études préalables, les ont exécutés.

Voyez les dessins fournis par l'instituteur de Foulain. Est-il possible de pousser plus loin la perfection ? Ces dessins représentent des couteaux, des ciseaux, des sécateurs et en général tous les objets fabriqués par l'industrie nogentaise. En ouvrant l'album, on croit se trouver en présence des objets eux-mêmes ; l'illusion est complète. Que le dessinateur reçoive ici nos sincères félicitations.

D'autres dessins fort remarqués sont ceux de l'instituteur de Châteauvillain. Ils représentent la nature vivante : des plantes, des insectes, des oiseaux. Le burin du graveur n'a jamais produit de lignes plus douces et de contours plus gracieux.

Et tout cela est fait à la plume et à main levée, sans autre guide que le goût.

Tous les dessins exposés prouvent que les instituteurs de notre département affectionnent cette partie des études. Mais il y a une chose que nous redoutons, c'est qu'on y consacre de trop longues heures au détriment des autres facultés.

Voilà des copies de cartes géographiques reproduisant les plus minutieux détails. Combien a-t-il fallu de temps à l'élève pour les exécuter ? Six mois, un an peut-être. Il ne suffit pas de cultiver l'adresse des doigts ; il faut surtout songer à développer la capacité du cerveau.

AVIS.

L'exposition scolaire, qui doit durer jusqu'au 20 de ce mois, n'est plus ouverte au public que le *jeudi* et le *dimanche*. Les autres jours sont réservés au travail des commissions qui jugent les travaux exposés.

Cette exposition a reçu de la part du public l'accueil le plus sympathique. Un grand nombre de personnes ont voulu contribuer, par leur libéralités, à récompenser nos instituteurs et institutrices. M. le préfet de la Haute-Marne, des sénateurs et des députés, des conseillers généraux et d'arrondissement et quelques délégations cantonales ont offert des médailles d'or, de vermeil, d'argent, de bronze. Le conseil municipal de Chaumont a voté 100 fr., celui de Wassy, 50 fr. ; on doit espérer que celui de Langres suivra cet exemple.

Les noms des donateurs seront proclamés à la séance de distribution des récompenses.

TABLE DES MATIÈRES.

                                                                  Pages.

PRÉFACE.. 1

TITRE Ier.

ORGANISATION DE L'EXPOSITION SCOLAIRE...... 3
Instructions aux chefs d'établissements publics et libres.. 5
Institution des diverses Commissions..................... 9
Demande de crédit au Conseil général................... 13
DEMANDE DE RÉCOMPENSES :
    Lettre à M. le Ministre de l'Instruction publique....... 15
    Lettre à M. le Maire de Chaumont..................... 15
    Procès-verbal du Comité central sur la fixation et le mode de distribution des récompenses 16
    Circulaire à MM. les Sénateurs, les Députés, les Conseillers généraux, etc............................... 19
    Lettre à M. le Maire de Wassy....................... 19
Délégation d'un Inspecteur général chargé de rendre compte à M. le Ministre du mérite des travaux exposés. 20
Subdivision du jury d'examen en Sous-Commissions et répartition des travaux à examiner................... 21
1re section : Organisation matérielle..................... 22
2e section : Organisation intérieure...................... 23
3e section : Organisation pédagogique................... 24
4e section : Travaux personnels des instituteurs.......... 25
5e section : Travaux à l'aiguille......................... 26
Libéralités : Lettre à MM. les libraires, éditeurs et imprimeurs qui ont envoyé des ouvrages.. 31

TITRE II.

	Pages.
TRAVAUX	33
Rapport du Jury de la première section sur l'organisation matérielle	35
Rapport du Jury de la deuxième section sur l'organisation intérieure	46
Rapport de la première Sous-Commission de la troisième section, sur les cahiers et devoirs d'élèves	48
Rapport de la deuxième Sous-Commission de la troisième section sur les cartes et dessins géographiques	58
Rapport de la troisième Sous-Commisson de la troisième section sur les dessins et la statuaire	62
Rapport de la quatrième Sous-Commission de la troisième section sur les livres classiques	67
Rapport de la cinquième Sous-Commission de la troisième section, sur l'agriculture et l'horticulture	73
Rapport du Jury de la quatrième section sur les travaux personnels des instituteurs et des institutrices	80
Rapport du Jury de la cinquième section, sur les travaux à l'aiguille	82

TITRE III.

STATISTIQUE	85
Tableau n° 1. — Communes n'ayant aucun conscrit illettré pendant la période décennale 1868-1878	87
Tableau n° 2. — Communes ayant des conscrits illettrés pendant la même période décennale	95
Tableau n° 3. — Cantons et arrondissements classés d'après le nombre des conscrits qui, sur un total de 100, ne savent ni lire ni écrire	100 et 101
Carte de la Haute-Marne, teintée par canton d'après la proportion pour 100 des conscrits illettrés	102

TITRE IV.

RÉCOMPENSES	103
Procès-verbal du Comité central	105
Compte-rendu de la distribution solennelle du 12 août 1880	109
Rapport lu par M. Duponnois, inspecteur d'académie	111
Discours de M. le Préfet	121
Palmarès	132

TITRE V.

	Pages.
RECETTES ET DÉPENSES...............................	145
Compte des recettes de toute nature..................	147
Lettre du Président de la délégation de Vignory au sujet des souscriptions des communes du canton............	148
Compte des dépenses effectuées........................	155

TITRE VI.

APPENDICE.

Comptes-rendus des journaux de la Haute-Marne........	161
Note y relative....................................	163

L'UNION DE LA HAUTE-MARNE :

Exposition scolaire départementale de la Haute-Marne.	164
La géographie, par *un visiteur*.....................	165
L'Histoire naturelle, par *un visiteur amateur*......	168
Visite à l'Exposition scolaire départementale, par *un passant*..	172
L'Ecole normale, par *un passant*....................	174
Les cahiers, par *un ancien instituteur*.............	181
Travaux des instituteurs, par *un passant*...........	185
Deuxième lettre d'*un visiteur*......................	193
Travaux de couture, par *une visiteuse*..............	195
Le journal *La Haute-Marne*, à l'Exposition scolaire..	197

L'ECHO DE LA HAUTE-MARNE :

Visite humoristique, par ***, *officier d'Académie*..	201
A propos du dessin, par *un amateur*.................	209
L'Exposition scolaire...............................	211

LA HAUTE-MARNE :

Une heure à l'Exposition scolaire, par Paul Deschamps	213
L'Ornithologie, par Paul Deschamps..................	225

LA GAZETTE DES TRAVAILLEURS :

Visite...	229
La statistique et les cartes géographiques...........	230
Les dessins...	232
Avis..	233

CHAUMONT, — TYPOGRAPHIE CAVANIOL.

www.ingramcontent.com/pod-product-compliance
Lightning Source LLC
Chambersburg PA
CBHW060119170426
43198CB00010B/951